最澄と日蓮

法華経と国家へのアプローチ

小島信泰

第三文明社　レグルス文庫272

はじめに

人類は進歩しているのであろうか。科学や技術の発展が目覚ましかった二十世紀は、終わってみれば、かつてない数の人命が人の手によって失われるという戦争と暴力の世紀となってしまった。今世紀も、二〇〇一年九月十一日のアメリカ同時多発テロが示すように、前世紀の流れを引き継いでしまうのであろうか。こうした事態を回避《かいひ》し、平和への方途《ほうと》を模索しようとした時、仏教の教えに根ざした英知とそこから生まれる深き宗教性は、比類《ひるい》ない光明《こうみょう》を放ち続けていることに思い至る。仏教には膨大《ぼうだい》な経典が残されているが、その中でも、極まることのない怒りや欲望を懐《いだ》くのも人であるならば、あらゆる差別を超えた仏教の永遠の真理に帰依《きえ》することができるのも人であると説く『法華経』は、特に注目されてよいだろう。しかし、いま私たちの国・日本は、二〇一一年三月十一日の東日本大地震とそれに続く前例のない原発事故を経験し、引き返すことのできない未知の歴史段階に直面している。もしかすると、山《さん》紫水明《しすいめい》の国土という平和を支える大前提が崩《くず》れるかもしれない、といった危機感に襲われている人も決して少なくはないだろう。また、原発事故を機に、国家の役割や科学者の使命が問い直され始めている。

だが、この局面に立って、これまでの人類の歴史と未来を真剣に考える人や現在の原子力発電の次なるエネルギー革命をこの国がリードすることに希望を見いだす人が存在することも事実である。そこで注目されているのが「贈与《ぞうよ》」ということである。「贈与」とは、一般には人が他者に金品を贈り与えることを意味するが、そもそも人類が生存してきた基盤には、太陽光によって地球に蓄積されたエネルギーの存在があり、それは太陽による私たちへの「贈与」であるという。また、かつて人類はお互いに与え合うという「互酬性《ごしゅうせい》」によって共同体と共同体の関係を構築したが、その交換様式を諸国家間の関係において高次元で回復するのが人類の目指すべきこれからの時代のあり方であるという。

太陽は生物、無生物という隔《へだ》てを越えて、いまもただ光を送り続けているが、この太陽もそして多くの人々の命を奪う津波にも、人類をどうかしようという意志があるわけではないだろう。こうした現象を私たちは「自然」と名づけたが、それはまったく血の通わぬ「絶対零度」であると評した人がいる。にもかかわらず私たちは太陽の「贈与」を受け、津波の後の海からも「贈与」を受け始めている。私たちは、「三・一一」という言葉では語り尽くせぬあの悲劇によって、生存のための基盤としてこうした「贈与」を受けてきた事実を真に理解し得たのである。この「自然」やそれを考える科学のあり方については、本書でも最後の章で考えてみたい。

さて、『法華経』を繙《ひもと》くと、無条件で、すなわち私たちの意志を超えて仏は語りかけてくることがわかる。「方便品第二」には「我《わ》れは本《も》と誓願を立てて　一切の衆をして　我が如《ごと》く等しくして異なること無からしめんと欲《ほっ》しき」（「我本立誓願　欲令一切衆　如我等無異」、『妙法蓮華経並開結』一三〇頁。以下、『開結』と略する）と説かれている。「我れ」、すなわち『法華経』の説く仏は、一方的に私たちを仏自《みずか》らと同じ境涯に導く誓いを立てたというのである。

この仏とは、いま述べた太陽に譬えることができるのではないだろうか。そして仏の振る舞いとは、ある意味で「贈与」と呼ぶことも可能かもしれない。このような、一方的にそして何の見返りも期待することのない「贈与」については、キリスト教においても説かれているという。ただし、一神教の神やその中心部で核融合反応を繰り返している太陽それ自体を私たちが生きる生態圏に直ちに持ち込むことはできないが、仏教の中でも大乗仏教は私たちの内に仏の生命を見いだそうとするのである。まさに妙法である。

本書はこれからの時代を生きるために、『法華経』を読むことを目的としているが、『法華経』に関する本はこれまで数多く出版されているので、ここではテーマを絞り最澄《さいちょう》と日蓮を取り上げて、『法華経』が日本に受容されていく歴史を考えることにしたい。最澄と日蓮は、日本という国とその権力者に働きかけ、『法華経』をこの国土に流布することに生涯を捧げたからである。その後の国家と仏教との関係には複雑なものがあったが、本書で論じる近代の牧口常三郎や宮沢賢治が法華信仰を貫き、次なる時代の方途を示したことは注目に値する。この国の将来が問われている今日、そして国家間のさまざまな対立がいまだに続いているこの時に、『法華経』と国家に大きくアプローチした最澄と日蓮について考えることには、何がしかの意味があると思われる。

なお、本書の第七章、第十二章を除く各章は、筆者が三十歳代に執筆した論考である。いまの時点から見るとやや古くなった箇所もあるが、聖俗の関係や政教の関係に大きな変動が起きていた一九八〇年代末から九〇年代半ばまでの成稿を改めることは忍び難かったので、明らかな誤りを訂正した以外は原則として原文のまま残すことにした。その上で、「特論」として最近の研究状況を補足する。

最澄と日蓮 ——法華経と国家へのアプローチ—— 目次

【凡例】・漢字や数字などの表記および文体は基本的に発表した当時のままにした。
・旧字体を現行の字体にし、旧仮名遣を現行の仮名遣に替えた箇所がある。
・読みやすくするために、振り仮名を追加した箇所がある。

本文レイアウト／安藤　聡

第一部　法華経の成立とその思想

第一章——さまざまな法華経理解

(1)法華経の評価

古来、『法華経』は宗派を超えて讃嘆され、政治や文化にも大きな影響を及ぼしてきたが、その教説が批判されることもあったように、この経典を理解することは決してやさしくはない。インドや中国の信奉者たちの間では、『法華経』は「最上法門」「諸経の王」であると称され、わが国の最澄《さいちょう》や日蓮は、『法華経』を依経《えきょう》として一宗を確立したほどであるが、江戸中期の大坂の思想家である富永仲基《とみながなかもと》はその著『出定後語《しゅつじょうこうご》』で、「法華経一部は、ただ讃言《さんげん》のみ」として、この経典は仏を讃嘆するだけであると論じ、同書の影響を受けた江戸後期の国学者である平田篤胤《あつたね》はその著『出定笑語』で、「実ニ法華経一部八巻二十八品、ミナ能書《のうがき》バカリデ、カンジンノ丸薬《がんやく》ガアリヤセヌモノ」として、この経典は薬の効能書のようなもので実体がないと酷評している。いずれが正しいのかは順々に論ずることにするが、ここで注意しておきたいことは、このような評価がなされたところに『法華経』の一つの特質が表れているということである。すなわち、『法華経』にはとてもこの世のこととは思われぬ劇的なストーリーが展開され、象徴的な表現がちりばめられており、見方によってはまったくとらえどころのない経典のようであるが、視点を変えれば、そこには言語を絶した真理の世界の予感が漂っていると言うことができる。つまりは、見る側の立場によってまったく評価が分かれる内容が『法華経』には説かれているのである。

この『法華経』についての研鑽《けんさん》は古くからなされていて、インドでは早くも竜樹《りゅうじゅ》（西暦一五〇～二五〇年ころ）の『大智度論《だいちどろん》』に引用されており、世親《せしん》（四〇〇～五〇〇年ころ）は『法華論』を著している。中国においては、羅什《らじゅう》門下の道生《どうしょう》（～四三四年）の『妙法蓮華経疏』、光宅寺法雲《ほううん》（四六七～五二九年）の『法華義記』、天台智顗《ちぎ》（五三八～九七年）の三大部（『法華文句《もんぐ》』『法華玄義《げんぎ》』『摩訶止観《まかしかん》』）、そして天台門下の慈恩窺基《じおんきき》（六三二～八二年）の『法華玄賛』および荊渓湛然《けいけいたんねん》（七一一～八二年）の『法華大意』の執筆と続いている。日本においては、聖徳太子（五七四～六二二年）の撰述《せんじゅつ》と伝えられる『法華義疏』に始まり、先に記した最澄（七六七〈一説には七六六〉～八二二年）や日蓮（一二二二～八二年）はもとより、道元《どうげん》（一二〇〇～五三年）なども法華経の研鑽を進めている。

(2) 日本の法華経受容

このうち日本においては、仏教公伝（五三八の戊午《ぼご》説と五五二年の壬申《じんしん》説とがある）以来、『法華経』は国家権力による特別な崇敬《すうけい》を受け、また多くの仏教徒によって重んじられていたことに触れておきたい。

聖徳太子についてはその実像が現在論議されているが、『日本書紀』の記述などによると、太子は仏教固有の思想を理解して、自らの信仰にとどまらず国家統治の理念として仏教の教えを用いたのであり、『法華経』はいわゆる鎮護《ちんご》国家の経典として遇されていった。歴代天皇もこれに倣《なら》っていくが、最澄の出現によって『法華経』は護国経典としての役割に留まらず、新たな宗派の創建のための拠り所となり、やがて最澄を宗祖とする日本天台宗は並ぶもののない隆盛を極めていった。その中心にあった比叡山《ひえいざん》は、まさに一国の仏教研鑽の拠点の様相を呈《てい》し、法然《ほうねん》・親《しん》鸞《らん》・道元・日蓮などの鎌倉新仏教を開いた諸師達も、みなこの比叡山に登り『法華経』修学を経験したのである。

『法華経』は、この国の思想や文化にも多大な影響を及ぼして定着した。文学に限っても、平安時代の『源氏物語』や『枕草子《まくらのそうし》』、鎌倉時代の『宇治拾遺《うじしゅうい》物語』や『徒然草《つれづれぐさ》』等には『法華経』の教えが色濃く表れており、近世や近代の文学作品にも『法華経』が題材となった作品が多く残されている。

(3) 近代の法華経研究

ところが近代に至り、ヨーロッパでいわゆる仏教経典の原典研究が盛んになると、その影響を受け、わが国においては経典そのものの成立についての批判がなされるようになり、『法華経』を含む大乗経典は仏説ではなく後世の創作であるとする大乗非仏説が唱えられるようになった。こうして『法華経』研究においても新たな段階を迎えることとなる。

近代の『法華経』研究は、イギリスのホジスン（Brian Houghton Hodgson 一八〇〇〜九四）がネパールで発見した『法華経』をはじめとするサンスクリット語の仏典写本をヨーロッパに伝え、フランスのビュルヌフ（Eugène Burnouf 一八〇一〜五二年）がこれに基づいて論文および『法華経』のフランス語訳（一八五二年）を発表したことに始まる。また、ビュルヌフに学んだベルリン大学教授アルブレヒト・ヴェーバーの門下であるオランダのケルン（Johan Hendrik Caspar Kern 一八三三〜一九一七年）は、一八八四年に『法華経』の英訳を出版し、その後、日本の南條文雄《なんじょうぶんゆう》（一八四九〜一九二七年）と協力してサンスクリット原典を刊行した（一九〇八〜一二年）。

日本における近代的な『法華経』研究は、南條文雄がサンスクリット原典を和訳したことに始まる（一九〇三年より公表され、一九一三年、南條文雄・泉芳璟『新訳法華経』として刊行された）と言われているが、サンスクリット原典の翻訳がなされると、原典批判の立場から『法華経』の成立史が研究されるようになっていった。ところがそのころには姉崎正治《あねさきまさはる》（一八七三〜一九四九年）が、『根本仏教』（一九一〇年）を著し、パーリ語原典によって釈迦の真説を発見しようと試みていたように、原典研究が進展した結果、大乗経典ではなく原始仏教（根本仏教）に帰れと叫ばれるようになっていたのである。

以上のように『法華経』は、多くの仏教者、研究者の関心を集めて今日に伝えられてきたといえよう。諸経の王と称され、天台宗、日蓮宗の根本聖典として尊崇《そんすう》されるばかりか、諸宗派においても重んじられるなど、『法華経』は歴史的にみて、まさに大乗経典を代表する教えであった。しかしながら、とらえにくい内容や、そもそも仏説に非《あら》ずとする批判などを受け、否定的な評価がなされてきたというのも事実である。

次の第二章では、こうしたさまざまな理解を生んだ『法華経』とは如何《いか》なる経典であるのか、という問題を考えるために、『法華経』が成立した背景やその内容について論じてみたい。

第二章——法華経概観

本章では、はじめに経典としての『法華経』の特質を考える上でどうしても確認しておく必要があると思われる二つの点、すなわち先に触れた大乗非仏説および大乗経典としての『法華経』について考察することによって『法華経』成立の背景を明らかにしてから、『法華経』が説く内容について論じる。

(1) 大乗非仏説について

まず、原典研究に基づくいわゆる大乗非仏説の立場から、『法華経』を仏説に非ずとする批判について考えてみたい。この批判は、経典としての『法華経』の根本的な性格に関わるものなので無視することができないと同時に、『法華経』を含む大乗経典が、如何なる歴史的、思想的背景から成立したのかを知る上で重要な手掛かりを与えてくれるものなので、ここに取り上げることにした。

ヨーロッパ諸国のインド支配を背景として盛んになった、近代ヨーロッパの仏教研究は、原典研究において多大な成果をあげることになった。それ以前はインドの仏教勢力はほとんど死滅した状態にあり、仏教は主に中国において弘まったほか、いわゆる南伝仏教の伝わった東南アジア諸国や、中国・朝鮮を経て伝わった日本に定着するにとどまり、しかも、当時はスリランカに遺されていたパーリ語原典を除けばあとは漢訳の経典があっただけなので、仏教研究といえばこれらの漢訳を用いてなされるという有様であった。漢訳仏典は大蔵経と言われるようにおびただしい数の経典が伝わっていたが、漢訳のために用いられた原典は残されることはなかった（中国では、西暦二世紀には訳経がはじめられているので、翻訳のために用いられた原典もしくは写本はかなり古いものであったであろうが、残念ながら現存しない）。

こうしたなか近代ヨーロッパの仏教研究が始まり、先に述べたようにネパールでサンスクリット語の原典が発見されるに至り、原典研究が活発になったのである。その結果、仏教研究は新たな段階を迎えることになった。例えば、サンスクリット本と漢訳本の照合がなされ、漢訳が必ずしも忠実な翻訳でなかった事実や、明らかな誤訳が判明したりしたが、ここで最も注意しなければならないのは、仏典の成立年代が推定されたことである。

『法華経』を含むいわゆる第一期大乗経典（大乗経典が第一期から第四期まで区分されていることは後述する）でさえ、一～三世紀に成立したと推定され、ここから大乗経典は釈迦の金口直説《こんくじきせつ》ではなく、歴史的発達の所産であったとして大乗非仏説が唱えられたのである。しかしこのような考え方は、大乗経典より以前に成立した原始経典（パーリ語原典と漢訳の阿含《あごん》経典）は仏説であるということを前提としているが、原始経典にも発達の層があると言われており、それらに釈迦の言説があったとしても、どれがそれであるかを証明することは、極めて困難なことである。しかも、原始経典の研究が進んだ結果、原始経典が最も古いとする考えにも疑問がもたれ、ある部分においては大乗経典より後に作成されたとする指摘すらなされるようになった。このように考えてくると、大乗経典は成立年代が遅いから非仏説で、原始経典は仏説であるとは必ずしも言うことができなくなる。

そもそも第一回の仏典結集《けつじゅう》（釈迦入滅の年に行われたと言われている。第二回は仏滅百年後、第三回は仏滅二百年後、第四回は紀元後二世紀ごろと考えられている）以来、二、三百年間は暗誦《あんしょう》を繰り返しながら口承《こうしょう》によって伝えられており、現存する経典として書き記されるようになったのは紀元前一世紀ごろと推定されているのである。したがって大乗経典が仏説でないとするならば、原始経典も厳密には仏説と言えないとみることもできるのである。

以上のような視点から言うならば、原典研究の一つの成果である大乗非仏説は、その根拠を失うことになる。

仏説を究明するためには、こうした文献学上の研究も必要であろうが、そればかりでなく、なぜ原始経典、大乗経典というようなあのように膨大《ぼうだい》な経典が仏説の名のもとに成立したのかを歴史的背景を踏まえて明らかにすること、そして根本的には、釈迦の説かんとした仏教思想の本質を解明することが重要になってくるのではなかろうか。前者は、経典撰述《せんじゅつ》の意味および経典成立の経過から仏説を探るということであり、後者は、言わば経典に説かれた思想内容から仏説に迫ろうとするものである。

前者の視点からは次のように考えることができる。各経典にはそれを撰述した者が仏説と信じた教えを綴《つづ》ったものであるという性格があるので、内容に相違が表れると考えることができ、例えば第一結集の場合は、釈迦亡きあとの教団の維持のために最も重要であると思われることが仏説として集められたと推測することが可能となる。また第一結集の時には、釈迦教団を代表する智慧第一と言われた舎利弗《しゃりほつ》、神通第一と言われた目犍連《もっけんれん》がすでに亡くなっており、修行に厳格な頭陀《ずだ》第一の摩訶迦葉《まかかしょう》や多聞《たもん》第一の阿難《あなん》、持律《じりつ》第一の優婆離《うばり》らが中心となって結集がなされた結果、戒律的要素の強いものとなったのではないかとも考えられる。その後も教団維持のために、教条的・出家主義的な傾向が強まっていったと考えられるが、こうした教団の歴史が反映して原始経典を信奉したのがいわゆる小乗教徒である。大乗運動とは、こうした小乗経徒に対する反動とみることができるが、大乗経徒たちは釈迦本来の教えに帰ることを主張して、大乗経典を成立させていったと推測することができる。

以上のような経典成立の経過から、戒律主義・出家主義を乗り越えようとした大乗経典こそ、釈迦の真意を正しく表現しているのではないかと考えることもできるのである。そして、大乗興《こう》起《き》のきざしは部派《ぶは》仏教時代の大衆部にすでにみられること、さらには第一結集の際のいわゆる窟内・外の結集は後の小乗、大乗の対立の源流ではないかとさえ言われていることは、大乗思想が必ずしも原始経典の成立以降に起きたものではないことを示すものである。

次に後者、すなわち経典の思想内容から仏説を考察することは、本書第一部の主題に関わることなので、以下に詳しく論ずることにするが、出家主義に陥った小乗経典にくらべ、大乗経典は広く在家にまで説かれていることから、より思想的高みに達していると推測することができよう。

(2) 大乗経典としての法華経

大乗経典の成立を歴史的にみると、確かに原始経典に遅れ、釈迦（紀元前五六五〜四八六年説、同四六五〜三八六年説などが有力であるが、いまだ生没年は定めがたい）在世から数えれば数百年が経過しているので、これは大乗運動を推進した人々の創作と考えたほうが理に叶《かな》うという見方もできなくはない。しかし、そうであるからといって、原始経典＝仏説、大乗経典＝非仏説とは必ずしも言えないことは前節で述べた。そして、大乗思想は小乗思想に遅れて発展的に形成されたのではなく、第一結集のころからみられたこと、にもかかわらず大乗経典の成立が小乗経典の後になったのは、釈迦滅後の教団のあり方などに影響されたと考えられることについてもすでに論じた。こうした経典編纂《へんさん》の歴史的背景については今後もより精密に調べる必要があると思うが、ここでは前項よりの課題に応えて経典の思想内容から仏説に迫るための前提として、『法華経』を含む大乗経典が成立した思想的背景から考察をはじめる。

はじめに、そもそも仏説と経典とが如何なる関係にあるか一考してみよう。

釈迦の生存年代についてはまだいくつかの説があるし（そのうち有力な二説の年代については先に記した）、いずれにしても経典の成立は、釈迦滅数百年を経過していることになるので、仏説を言い当てることは極めて困難な作業であるが、そもそもこうしたことの根本的な原因は釈迦自らが経典を書き残したのではないことに加え、インド人は歴史的意識がうすい哲学的な民族であり、歴史を超越した釈迦と自身との関係から数多くの経典が作成されたことにあると思われる。

しかし、釈迦の言説そのものが文字という形として残らなかったとしても、その思想や実践が釈迦から弟子たちへ受け継がれることは不可能であるとはいえない。すなわち、釈迦の至った悟りの境地を弟子が体得することによって、受け継がれていったと考えることができるのである。しかも釈迦は、滅後のために自らの言行を弟子に記憶させたのではないかという指摘もなされており、これが伝えられて経典になったとすれば、経典はまったく信用の置けないものと言い切ることはできないであろう。ただし文字化される以前は、人から人への記憶によっていたので、三法印（諸行無常、諸法無我、涅槃寂静《ねはんじゃくじょう》。一切皆苦を加えて四法印）などのように釈迦の思想をその要点で把握《はあく》するという方法や偈頌《げじゅ》といった形で伝えられていったようである。そして紀元前一世紀ころに初めて文字化され、経典として成立していくことになる。

ところで、先に各経典はその内容を仏説であると信じた者によって綴られたと記したが、経典を作成した者の側に注目して、各経典はそれぞれの経典に説かれる思想内容を信仰する一団の人々によって形成されたとする説がある。これによると例えば『法華経』は法華教団という同一信仰教団のなかで作成されたことになる。このように考えるならば、経典とはそれを作成した教団のおかれた立場や信仰に基づき、彼らが仏説と確信した内容の表現ということになる。したがって経典すべてを仏説とみなすことはできないかもしれないが、釈迦の真意であるとして経典作成者が体得した教えの集成なのであって、そこには何かしら釈迦の精神が息づいている可能性はあるとはいえまいか。

以上のように経典を理解するならば、次に求められるのは、いわゆる教相判釈《きょうそうはんじゃく》によって最もよく釈迦の思想を示している経典を選びとること、また、そのために各経典の位置づけをするということである。この場合、基準となる第一のものは、各経典に説かれた思想の高低であろうが、それを判断するためには仏教思想の全体系を明らかにしなければならないのである。これを成し遂げんとしたのが中国の天台智顗であり、彼は『法華経』をもって諸経中の第一としたのである。以下本章においては、智顗の教相判釈を参考にしながら、『法華経』の思想内容について具体的に考察していきたいと思うが、先に述べたように本節ではそのための前提として、大乗経典そしてこれに含まれる『法華経』が成立する思想的背景について考えておきたい。なお本来ならば、智顗の教相判釈について詳しく考察せねばならないが、いまはその余裕がないので、後日の課題とすることにして、本章では法華第一という智顗の結論のみを指摘するにとどめた。

さて、大乗運動の中で『法華経』が成立したことは、この経典の思想的特質を考える上で重要な事実であると思われるので、その経過の概略を記しておこう。まず、上座部と大衆部への根本分裂（釈迦滅後一一〇年前後のことと言われる）、さらにこの両派から分裂がおこり、二十の部派が成立したと言われるが、このうち有力な部派は、上座部とその分派である説一切有部であり、完備された聖典を今日まで遺しているのはだいたいこの二派である。ところが西紀前後に革新運動がおこり、これを推進した人々は自らを大乗と称し、右の諸部派を一様に小乗と貶称《へんしょう》したと言われる。大乗教徒は、二十にも分派して争い合いいずれも出家主義に陥っていた部派仏教（小乗教）のあり方そのものを仏教本来の理念に反するとし、そのような既成教団の改革を目指したのである。また当時は、政治権力や国教化していたバラモン勢力による仏教弾圧が展開されていたのであるが、大乗運動はこれをも積極的に受けとめ、社会に開かれたかたちで釈迦本来の教えに帰ろうとしたと言われる。

ここで、小乗仏教と初期大乗仏教との相違について、水野弘元《こうげん》博士が挙げた諸点を参考にして整理してみると、次のようになる。

小乗仏教	初期大乗仏教
阿羅漢《あらかん》を目指す	仏果を目指す
他律主義（業報思想）	自律主義（願行思想）
自利主義（小乗）	利他主義（大乗）
有の態度（有）	空無碍《むげ》の態度（空）
理論重視	実践重視
専門化（出家仏教）	一般化（在家仏教）

このように大乗仏教は、小乗仏教と六点にわたって違いがあるとされているが、大乗仏教の基礎的認識は、一切の事物を空とみることにあると言われている。ここに言う空とは、事物を分析していって、その果てに空をみるといういわゆる小乗仏教の折空観《しゃっくうかん》ではなく、当体即空、つまり事物の全体をそのまま空と観ずる体空観のことである。すなわち虚無的に空を解することを否定

し、無にもとらわれない有無を超えた真の絶対的世界を空とみたのである。これは一切の事物は相互に関係し合いながらも変転してとどまることはないが、それを空虚なものとして観るのではなく、そのようなあり方を真実として観ようとしたと言い換えられよう。したがって大乗仏教は、思想的には小乗仏教の空に対する誤解を正すことを中心の課題としたとみることができるのである。

こうした大乗仏教を信奉する教団は次々と生まれていき、多数の大乗経典が成立した。これらの経典は、みな各信仰団体が仏説と確信した教えを表明したものであり、必ずしも経典相互の関係を意識して編纂されたわけではないので、経典間の連繋《れんけい》を見いだすのは容易なことではない。しかし、教理思想の発展という観点から考察することによって、これらの経典の位置を定めることは可能であると言われている。そこで次に、教理思想に基づいて、『法華経』を含むいわゆる第一期の大乗経典それぞれの位置について概観してみようと思うが、参考のために大乗経典全体の成立年代について述べておく。

大乗経典の成立年代は四期に分けることができ、第一期大乗経典（一～三世紀）は、『般若経《はんにゃ》』『維摩経《ゆいま》』『法華経』『華厳経』の順で成立し、これに『無量寿経』『阿弥陀経《あみだ》』などを加えた経典類を言う。これらの思想的位置については後に述べる。第二期大乗経典（四世紀）とは、竜樹以降のいわゆる如来蔵《にょらいぞう》経典とされる『如来蔵経』『不増不滅経』『大法鼓経《だいほっく》』『央掘摩羅経《おうくつまら》』『勝鬘経《しょうまん》』

『大乗涅槃経』『無上依経』などと、阿頼耶識《あらやしき》系の経典と言われる『解深密《げじんみつ》経』『大乗阿毘達磨《あびだるま》経』などである。第三期大乗経典（五世紀）は、無着《むじゃく》、世親《せしん》以降の如来蔵と阿頼耶識との立場を統合・発展させた『入楞伽《にゅうりょうが》経』『大乗密厳《みつごん》経』を言い、第四期大乗経典（七世紀）とは、『大日経』『金《こん》剛頂《ごうちょう》経』といった密教経典のことである。

では、第一期大乗経典についてみてみよう。成立年代については、大乗経典の成立史的研究の成果として明らかにされつつあるが、先には一～三世紀の間という大枠の年代と成立順についてのみ記しておいた。各経典間の連繋については、自らの位置について自称している経典があることが注目される。『華厳経』には、成道して最初の説とあり、『涅槃経』（第二期大乗経典であるが）には釈迦入滅の直前の説とあり、『法華経』には成道後四十余年後の説と書かれている。これらの記述は事実であるか否かは確認のしようがないが、後に述べるように、各経典の主張内容に密接な関係があると言われている。

経典の成立年代やこうした経典自称を参照しながら教理思想の発展について考えてみるならば、次のように言うことができる。

『般若経』

般若波羅密《はらみつ》の功徳が絶大であることを言を極めて賛嘆し、般若波羅密の認識と実践を説いている。般若とは悟りの智慧、波羅密とは到彼岸《とうひがん》、つまり悟りの彼岸にいたることを意味するが、さとりの智慧とは空観のことである。『般若経』は一切の分別を超えた智慧の実現を説いているのである。ただし、『般若経』は、菩薩の行ずる般若波羅密を強調するあまり、声聞、縁覚の二乗の非を難じている。

その後、竜樹が注釈書として『大智度論』を著した『大品般若経』をはじめ『小品般若経』『金剛般若経』などの各種般若経が作成された。こうした般若経典は、大乗経典の最初に作成されたもので、紀元前後ころには現れ始めている。日本では「色即是空、空即是色」という玄奘《げんじょう》訳の名句で有名な『般若心経』が広く親しまれているが、この経典は般若皆空《かいくう》の思想をごく端的《たんてき》に表現している。

『維摩経』

在家の信徒である維摩詰《ゆいまきつ》が、小乗の指導者として登場する舎利弗らを論破して、その出家主義を痛烈に批判し、さらに大乗の指導者文殊師利《もんじゅしり》菩薩との問答を通して、空の思想を説いている。大乗の在家主義の立場を示すものとして、如蓮華在水《にょれんげざいすい》の譬えから煩悩即菩提《ぼんのうそくぼだい》を説き、小乗教徒は自らの解脱のみを求めるものであるとして敗種の二乗と弾訶《だんか》している。空の思想を中心に説いていることから、『般若経』の同じ系統の経典と言われており、また小乗の出家主義を徹底して批判しているので、教理的には『法華経』より前の経典とされている。

『法華経』

三乗方便、一乗真実としてそれまで説かれた教理を統一し、大乗の菩薩運動に対立する小乗教の二乗も救うという、いわゆる開会《かいえ》思想が説かれている。このように説くことができるのは、あらゆる人々に仏性《ぶっしょう》（『法華経』ではまだこの言葉は用いられておらず、「一仏乗」と表現されているが）がそなわっているという認識を根底においているからである。法華経は教理の形式的なものとしては、この「一仏乗」を繰り返し説き、その絶対性を強調することを中心に据えていると言われる。

インドでは、こうした『法華経』の普遍平等性や二乗作仏《さぶつ》説が注目され、中国では『法華経』は一切の真理の統一性を明かした教えであるとして、万善同帰教とみなされたのである。

そして『法華経』は、以上の教理を仏の実践（衆生の救済）とその永遠の生命（久遠仏）を通して、躍動的に明かしている。

『華厳経』

この経典は、仏の成仏の荘厳なる様を通して、釈迦の悟りの内容をそのまま示そうとしているので、非常に難解である。菩提樹下で正覚を得た釈迦が初めて説いた教えであると自称し、舎利弗や目連等の声聞にはまったく理解できないと説かれている。毘盧遮那《びるしゃな》仏を教主として立て唯心法界の理や菩薩が仏智に近づく過程（五十二位の功徳）が説かれていく。

中国では、真理の純一性を明かした経であるとして、頓教《とんきょう》と位置づけられた。

浄土教経典

浄土という西方極楽世界に住して、永久に尽きることのない寿命をもつ阿弥陀仏が、娑婆《しゃば》の衆生を救わんとの誓い（四十八願）を立て、一切衆生を慈悲の光明で照らしだす様を説いている。この経典は、厳しい修行に堪《た》えない無力な人々を仏の慈悲によって救わんとすることを主張している。

浄土経典には、いわゆる浄土三部経（『無量寿経』『観無量寿経』『阿弥陀経』）がある。

『涅槃経』（『大般涅槃経』）

第二期大乗経典に位置するが、『法華経』と関係深い経典なのでここに述べておく。

釈迦は八十歳で入滅したが、その本質である法身は常住不滅であること、すなわち肉身の死をとらえて、仏（如来）の永遠性を説く経典である。そして一切衆生は、内にこの如来を蔵している（如来蔵＝仏性）ことが明かされる（「一切衆生、悉有《しつう》仏性」）。仏性という言葉は、ここに初めて用いられており、『大智度論』にもないことから、これより以降の四世紀頃に成立した経典とされている。中国では、真理の永遠性を明かしたものとして常住経と呼ばれた。

ではここまで述べてきたことを要約し、『法華経』の位置についてみてみよう。『般若経』では空の思想の原理的解明がなされるが、小乗に対抗して初めて説かれた教典らしく、声聞、縁覚の二乗を強く非難している。『維摩経』は、これを受けて空の極意が明かされるが、大乗の在家主義が強調され、ここでも二乗は出家主義として弾訶される。そして、現実社会や人間の煩悩が肯定的に把握されていく。『法華経』は一切諸法を空とみる大乗の空観を根本にしているが、前二経と比較するならば、『華厳経』とともにこれを積極的に表現しようとしているといえよう。

さらに『法華経』は後に詳しく論ずるが一切諸法の根源に統一的真理を見いだし、その上に立ってあらゆる人々の平等と成仏の可能性を説くことから真の大乗とみなすことができる。これ以前の大乗経典は、菩薩の精神を高揚するあまり二乗と対立したが、『法華経』は、小乗とそれに抗する諸大乗のすべてを包容し統一する、まさに万善同帰教である。しかもこれらの教理を仏の現実世界における実践と生命の実相を通して説いているので、現実的、力動的かつ利他的な面が強調されるかたちになっている。

『華厳経』は、仏の悟りをそのまま表そうとしているが、悟りとは言語を絶していることから、荘厳で象徴的な教えが展開されていくのである。それは、『法華経』の現実的な統一的世界に対して、理想的世界の表明といえよう。浄土教経典では、仏の慈悲の振る舞いと、これを求める人々の純浄なる信が強調されるが、現実を厭《いと》い浄土を欣《ねが》うことから、他律的、逃避的な教えに傾いていく。『涅槃経』は、一切衆生が内に蔵する仏性の時空を超えた永遠性を説いている。この「一切衆生、悉有仏性」「法身常住」説は、『法華経』の一乗平等思想、久遠仏思想を受け継いだものと言われている。光宅寺法雲《ほううん》は、『涅槃経』の説く永遠性を重視し、『法華経』は三乗ないし諸経を統一して『涅槃経』へ橋渡しするもの（開会《かいえ》）と位置づけた。しかし、『涅槃経』は、永遠性を強調するあまり、静止的で直観的な教えとなっているので、現実の人間、社会を重んじ、その変革という実践的課題に応えるには、『法華経』のほうが相応《ふさわ》しいと言えるのである。

以上、第一期大乗経典の教理思想の発展を中心に概観し、『法華経』との関連について考察してきたが、それによって『法華経』の成立の思想的背景と、大乗経典における『法華経』の位置についておおよそ確認することができたと思う。ただし、ここに述べたことは、あくまでも経典を発展史的にみて整理し直したものであることに注意しなければならない。

例えば、『法華経』は小乗と諸大乗を統一し、三乗を開いて一仏乗に会入《えにゅう》したと先に説明したが、このように言うと『法華経』思想とは、当時の情況を踏まえて創作されたものと考えられてしまう嫌いがある。しかしこのように考えることは、前に述べた大乗非仏説と同じ誤りを犯すことになりかねない。できあがった経典を発展史的にとらえることは、確かに経典の思想内容や他の経典との関係性を考える上で有益であるが、その思想がいつ生まれたのか、またそれは果たして釈迦の思想であったのか否かについては直接答えることにはならないのである。

　こうした問題に答えるためには、釈迦が本来説いた教えとは何か、それはどのような経路を辿《たど》って形成されたのかを探らねばならないのであり、これについては『法華経』を中心とする原典研究の進展を待つしかない。

(3) 法華経の内容

　いよいよ『法華経』自体に光をあて、この経典には如何なる思想が説かれているのかを論ずる段に至った。このテーマをめぐっては、古来、多くの論述がなされてきており、先にみたように『法華経』の思想内容の理解や評価については諸説紛々《ふんぷん》たるものがある。

　本項では、まずはじめに、こういったものにとらわれず、虚心に『法華経』そのものを見た時に、誰でもが理解するであろうこの経典の内容について述べ、次に一般に言われる『法華経』思想の特質について概説してみたい。

①法華経で説かれたこと

『法華経』を繙いてみると、そこには僧尼《そうに》（比丘、比丘尼）や男女の信徒（優婆塞《うばそく》、優婆夷《うばい》）から人ではない天以下の八部衆（人非人）や諸国の王（諸小王、転輪聖王）に至るまで、ありとあらゆる聴衆が集まっていることがわかる。そして説法する世尊（釈迦の尊称）と悟りを求めるこれらの聴衆たちとを中心として、一編の物語のような展開が始まる。この物語が繰り広げられる舞台は、インドの霊鷲山《りょうじゅせん》に始まるが、その後、突如として七宝《しっぽう》に飾られた地球大の塔が出現したかと思うと、世尊の神通力で虚空に舞台は移り、最後はまた再び霊鷲山に舞い戻るといった具合に変転する。

物語の大筋は、声聞や菩薩といった修行者が、大いなる驚きや疑問などを懐きつつ世尊の説法教化を懇願し、世尊は時にこれに答えて、また時に問いを受けずして法を説き、宇宙万有の真理と自らの正体を明かして、成仏の授記と滅後の弘通を付嘱《ふぞく》し、これらの者たちは歓喜して以後の実践を誓うといったものである。世尊の説法は、さまざまな譬喩と象徴的な言説や予言に溢れ、時空を超えた壮大なスケールでもって語られる。

和辻哲郎が『法華経』はドラマであると評し、カール・ヤスパースが「仏陀《ぶっだ》が教えるのは認識体系ではなく、救済の道である」と言ったことは有名であるが、『法華経』は世尊が衆生を悟りへ導くという慈悲の行為に溢れた一大ドラマと言うことができるのではなかろうか。またこの経典には、『法華経』こそ第一であり、ここに説かれることが究極の教えであることが力説されていることを忘れてはならない。その証拠に、この教えを保つことがいかに大きな功徳を生み、逆に誹謗するなら大変な罪となることが説かれている。ただし、この教えが説かれることは未曾有《みぞう》であり、その内容は解し難いので、理解するというのではなく信じなければならないこと、そのためには菩薩行を実践して体得する必要があることが明かされていく。

また、『法華経』には多面的な性質を感じとることができる。例えば、世尊が眉間《みけん》の白毫相《びゃくごうそう》から光を放って東方万八千の世界を照らしたり、先の虚空に浮いた宝塔の出現などは、とてもこの世のこととは思われぬ不可思議なでき事であるが、その一方で、七つある譬などは、それぞれ非常に卑近な題材を用いており、その真に意味することとは別として、話の内容は誰にでもわかるし、この現実の娑婆世界と深い関わりあるものとなっている。

『法華経』を表面的にみただけでもこのようなことがすぐに読みとることができよう。全体的な印象としては、やはり一編のドラマといった感じを受ける。それは、時にきらびやかな詩であるかと思うと、実にまた鋭く人間の本性をえぐっている。それは、認識を超えた躍動する生命の体験の世界とでも表現すべきであろうか。

なお、先にも述べたが、『法華経』こそ真実の教え、第一の教えであることが表明されていることや、塔への信仰、仏が富豪に譬えられていることなどから、『法華経』成立当時は、すでに多くの経典が存在していたであろうこと、在家信徒が台頭していたこと、さらには商業社会の発達が起きていたことなどが窺《うかが》える。

②法華経思想の一般的理解

次に、長い『法華経』研究および賛仰《さんごう》の歴史に依拠しながら、今日一般に『法華経』の思想として理解されていることを、『法華経』の構成と関連づけながら整理しておこう。

『法華経』の構成については、いわゆる科文《かもん》というかたちで、羅什《らじゅう》門下の道生《どうしょう》、光宅寺法雲《ほううん》、そして天台智顗《ちぎ》らによって論じられており、それらは細部にわたっては違いがあるが、大枠においては相通ずるものである。すなわち、『法華経』を安楽行品《あんらくぎょうほん》第十四と従地涌出品《じゅうちゆじゅっぽん》第十五との間で区分し、方便品《ほうべんぼん》第二を中心とする前半では、三乗の方便を開いて宇宙万有の統一的真理である一乗妙法を明かしたとし（法雲はこれを開三顕一《かいさんけんいち》と規定した）、如来寿量品《にょらいじゅりょうほん》第十六を中心とする後半では歴史上の釈迦に久遠の人格的生命である久遠本仏を見いだした（法雲は開近顕遠《かいごんけんのん》とした）とするものである。

また、近代における『法華経』の原典研究に基づく成立史的観点による、これとは違った区分も可能である。ただしこのような区分の仕方については諸説があり、例えば、『法華経』成立を三期に分け、授学無学人記品《じゅがくむがくにんきほん》第九までは西暦五十年ころに、法師品《ほっしほん》第十から嘱累品《ぞくるいほん》第二十一まで（提婆達多品《だいばだったほん》は天台智顗あたりになって加えられたのでここでは除く）は一〇〇年ころに、薬王菩薩本事品《やくおうぼさつほんじほん》第二十二以降は一五〇年ころまでに成立したとする説や、序品《じょぼん》第一から提婆達多品を除く神力品《じんりきほん》第二十までをひとまとめにして、それらを有機的結合体ととらえる説などがある。詳しくは他の機会に譲るが、右に述べた両説とも法師品より嘱累品もしくは神力品までの諸品では菩薩行が焦点となっていると指摘していることを紹介しておきたい。

右に述べた『法華経』を二分するという道生以来の伝統的な立場と成立史的な観点とを考えあわせて『法華経』の思想的特質をみるならば、一乗妙法、久遠本仏、菩薩行道という三つの主要な思想を挙げることができよう。『法華経』の賛仰は、このうちのいずれかを強調してなされてきたと言われるが、第三の菩薩行道に注目したのは日蓮である。日蓮は菩薩行道を説く法師品から嘱累品までの部分に涌出品以降のいわゆる本門とが重なりあう八品をえらびとり、死身弘法《ししんぐほう》の末法流布を展開した自身の立場を闡明《せんめい》したのであった。日蓮の『法華経』観については別に研究が必要となるので、これについても他の機会に譲ることにして、以下においては『法華経』の三大思想について概観しておきたい。

第三章——法華経の三大思想

(1)一乗妙法

一乗妙法とは、先に述べたように『法華経』の前半において明かされた思想である。ただし、妙法とは『法華経』の経題になっている(鳩摩羅什《くまらじゅう》『妙法蓮華経』〈四〇六年〉、闍那掘多《じゃなくった》・達摩笈多《だつまぎゅうた》訳『添品《てんぽん》妙法蓮華経』〈六〇一年〉参照)ことからもわかるように、確かに『法華経』全編のメイン・テーマであると言うことができるのである。そして『法華経』では、妙法とは無上道であり、二もなく三もない悟りに到るための唯一の乗りもの、すなわち一乗であるとしている。

しかし『法華経』では、一乗妙法とは何かということについて理論的に説かれているわけではない。『法華経』は一乗について繰り返し説き、それが如何《いか》に尊極な法であるかという賛仰《さんごう》を続けるが、一乗の内容については具体的に明かすことはない。ここから、先に述べた『法華経』とは薬の効能書のようなものであるというような批判や、極めて文学的な内容であるとする評価がなされることがあったのであろう。ところが、『法華経』の目的とするところはこれでよかったのであり、さらにいえば、ここが『法華経』の偉大な特質なのである。すなわち、『法華経』は、妙法とは何かではなく、如何にあるかを説き明かした経であるからである。つまり妙法を体現した仏の智慧と功徳がどれほどすぐれているのかを言を極めて説いているのである。こうしたことから、『法華経』とはただの理論的な教えではなく現実的な実践の教えであり、また深い信仰の教えであると言うことができるのである。

一乗妙法については、古来、研究が積み重ねられてきているのでこれらに拠《よ》りながらこの思想の概要を述べてみようと思うが、その前に、中心となる方便品において、どのように説かれているのかみてみよう。

序品《じょぼん》で、文殊師利《もんじゅしり》によって如来の過去の説法の様子といままさにそれが繰り返されることが明かされた後、方便品《ほうべんぼん》に至って、無量義処三昧《むりょうぎしょさんまい》に入っていた世尊は、安詳《あんじょう》として起き上がり、請われることなく舎利弗《しゃりほつ》に告げ、諸仏の智慧が甚深《じんじん》無量であって二乗の理解を超えていることを前置きして、いわゆる一乗妙法を明かしていく。

まず世尊は、一切の事物の存在のあり方として十如是《じゅうにょぜ》を説きはじめる。これを聞いた舎利弗が、続けて世尊の説法を願い、三度請うたので世尊は、一大事の因縁を説いた。すなわち世尊は、衆生に仏知見《ぶっちけん》を開かしめ、示し、悟らせ、入らしむるために世に出現したことを説いたのである。そして世尊は、一仏乗によって衆生に法を説くのであり、第二、第三の立場があるのではないとし、しかも十方の諸仏も過去の諸仏も、そして未来の諸仏も同じであり、それによって衆生は一切種智《いっさいしゅち》をうるということが明かされた。

また世尊は、方便力によって三乗を説くが、これは相手の機根を考えてのことであり、結局は一仏乗に導くためであることや、諸仏は五濁《ごじょく》の悪世に出現することが説かれる。

以上のことは、続く長行で繰り返されるが、特に「如我等無異」、すなわち世尊は衆生を自らと等しくして異なるところが無いようにしたと説かれていることは、大乗思想の究極の立場であると理解することができ、まさに一乗であることの宣言と言えよう。

では、このように説かれた一乗妙法について詳しく考察してみよう。『法華経』が成立した背景にある大乗仏教思想とは、先にみたように出家主義、戒律主義の小乗思想に抗して、本来の釈迦の教えに帰ろうとする一つの宗教改革運動によって主張されたものであった。大乗教徒たちは、釈迦の教えには衆生の平等と成仏の可能性を説くものであるという信仰によって立つ人々であり、彼らは、釈迦を尊崇するあまり仏である釈迦と自らとの間に断絶を設け、阿羅漢《あらかん》となることを理想とする反面で在家の者を下にみた小乗教徒を批判していったのである。

この両者の対立は、本質的には空の思想のとらえ方の相違に根ざすものであると言われる。釈迦は、生命、宇宙をありのままに見つめ、そこにダルマ（dharma 法）を観じとったのであるが、空とは縁起などとともにこのダルマのあり方であり、あらゆる事物は固定的な実体を有しないということを基底としているが、小乗教徒は、ここから空を無の意味に解し、あらゆる事物、そして自己の存在をも虚無的、否定的にとらえようとした。しかし大乗教徒によれば、これは無に執着してしまっていることになり、しかもそこに陥《おちい》ったのは、有か無かという実体的な分別にとらわれているからであって、真の空の立場ではないとみなされるのである。

宇宙、生命の変転してとどまることのない状態を肯定し、それこそがあるがままの姿であると受けとめるのが大乗教徒である。したがって、小乗教徒の空が虚無的、否定的であるとするならば、大乗教徒のそれは絶対的、肯定的であると言うことができよう。このような大乗教徒の空の思想を原理的に説いたのが『般若《はんにゃ》経』であり、それをさらに進めて、真の大乗を明かしたのが『法華経』であることは先に指摘しておいたとおりである。『法華経』は、あらゆる事物（一切諸法）は互いに関係し合いつつ（縁起）とどまることなく変化しながら（空）全一体をなしていると見て、この一切諸法を統合する根源の法こそ一乗妙法であると説くのである。こうした『法華経』の思想を成立当時の背景を踏まえながら実践的に解釈するならば次のようになるであろう。

大乗という言葉は、『般若経』で初めて用いられたのであるが、そもそもそれは、当時のいわゆる二乗を中心とする出家主義を小乗と貶称《へんしょう》した者たちが、自らの立場の正しさを誇って名づけたものである。これに対して『法華経』は、二乗排斥《はいせき》ではなく、二乗を含めた一切衆生の成立を説こうとし、大乗に統一の意思をこめて一乗としたのである。すなわち、『法華経』の一乗とは、小乗の説く声聞乗《しょうもんじょう》、縁覚乗および諸大乗の説く菩薩乗をあわせた三乗の相対性を超えた絶対的大乗と言うことができる。しかしこのような思想は、出家主義の立場から在世を排斥する小乗と、二乗を排斥する諸大乗の両派からの反発を受けるものであった。そこで『法華経』では、方便を用いて真理は唯一であることを説き、三乗を否定するのではなく、三乗を一仏乗に帰入させていったのである。そして『法華経』は、譬喩品《ひゆほん》以降でさまざまな譬喩や説話を通してこうしたことのいきさつや未来成仏の保証である授記がなされるのである。

以上要するに、『法華経』は、大乗の空の思想をさらに突き詰めて、一切諸法を貫く統一の真理たる一乗妙法を見いだし、これを悟ることによって二乗も在家も仏果にいたることを説いたのである。ゆえに、一乗妙法とは成仏にいたるための唯一、絶対の乗り物、すなわち一仏乗なのである。

ただし、方便品を見ればわかるように、そこには一乗妙法とはあくまで仏智、すなわち仏が悟った智慧であることや、仏による教化ということが強調されている。そこで次には、衆生を救済するこの仏について考えてみなければならない。

⑵ 久遠本仏

『法華経』で説かれる仏とは、久遠《くおん》の人格的生命すなわち久遠本仏であり、それは如来寿量品《にょらいじゅりょうほん》を中心とする後半部分で明かされたと言われているが、この久遠本仏について述べるに当たって、次の二点を指摘しておかなければならない。

一つには、前に述べた一乗妙法、後に述べる菩薩行道とここに論じる久遠本仏とをあわせて『法華経』の三大思想と言われているが、これはあくまでも研究者によって、『法華経』理解のために立てられた思想的特質であって、この三つの思想はそれぞれ独立して考えられるものではなく、互いに関わり合って『法華経』という一編の経典をなしているということである。先に述べた一乗妙法も仏が覚知した宇宙万有の真理であり、それは仏の教化として説かれているのであるし、ここに論ずる久遠本仏も、後に詳しく述べる菩薩行道を説くなかに明かされていくのである。あえて言うならば、『法華経』には、この娑婆世界に出現し、一切衆生を自らと同じ悟りにいたらしめるためにあらゆる慈悲の救済を展開しながら法を説く仏の姿を通して、衆生成仏の可能性が示されていくという一大思想が明かされているとしてもよいのではなかろうか。久遠本仏についても、こうした『法華経』全体の思想の中で考えてみなければならない。

二つには、『法華経』の久遠本仏思想は、『法華経』成立当時に盛んに論じられていた、さまざまな仏身論、仏陀《ぶっだ》観に終止符を打つかたちで説かれているということである。不滅と信じられた釈迦の死は、弟子たちに大きな衝撃を与え、釈迦追慕《ついぼ》の念と釈迦がこの世を去った意味の探究が起こり、こうしたことが『法華経』成立の背景をなしていくのである。

釈迦の生滅の意味についての問いは、仏身論として展開されることになった。後世の世親《せしん》や天台の表現を用いるならば、はじめ永遠不滅の法身《ほっしん》としての釈迦が、民衆救済のためにこの世に応《おう》身《じん》として人間の姿をもって生まれたと解されていたのが、やがてこの二身の性質をあわせもつ仏身が渇仰《かつごう》され、報身《ほうしん》の考えを生んでいき、『法華経』はこうした仏身論の段階に成立したと言うことができるのである。

また特に、在家信徒は実在する仏そのものを求め、ここからさまざまな仏陀観が生まれた。釈迦および種々の仏が過去にあったとする過去仏思想、弥勒《みろく》菩薩の下生を説く未来仏思想、西方世界の阿弥陀仏、東方世界の阿閦《あしゅく》仏、兜率天《とそつてん》への上生を説く未来仏・他土仏思想、そして十方遍満仏を説く現在仏思想が現れ、『法華経』成立当時はこれらの諸仏をどう関係づけて考えるかということが問われる段階にあったのであり、ここに一切の諸仏を統合する本仏が説かれていったのである。

以上の二点から、久遠本仏について論ずるには、『法華経』の後半部分においてだけではなく、『法華経』全編において考えねばならないこと、さらには『法華経』の成立当時の仏身論、仏陀観との関わりを明らかにしなければならないことが確認された。したがって、本来ならばこの二点について詳細に論ずる必要があるが、これは後日の課題として、本章では以上の概観にとどめ、以下には『法華経』の後半部分、なかんずく如来寿量品を中心として、久遠本仏について考えてみることとする。

そこで、はじめに如来寿量品の内容について概観したいと思うが、如来寿量品は前品の従地涌《じゅうちゆ》出品《じゅっぽん》における菩薩たちの疑問に対する世尊の答えというかたちで説かれているので、まず従地涌出品の内容についてみてみよう。

いわゆる迹化《しゃっけ》の菩薩たちによる滅後弘通の誓いを世尊が制止した時、大地より無量の本化地涌《ほんげじゆ》の菩薩が出現した。これを見た弥勒菩薩らは疑念をおこし、これらの者たちはどこから来たのかを世尊に問うた。世尊は、この娑婆世界でこの上ない悟りを得、久遠の昔からこれらの菩薩たちを教化してきたことを明かし、彼らは娑婆世界の下の虚空《こくう》に住していると答えた。弥勒菩薩らは、得道して四十余年の世尊がどのようにして、この無量の菩薩たちを教化し、悟りにいたらしめることができたのかを問うた。この菩薩たちは、身が金色《こんじき》に輝き、三十二相と無量の光明を発していたので、世尊の言葉はまるで二十五歳の者が百歳の人を指して、これは我が子であると言っているように弥勒菩薩らには聞こえたのである。こうした疑問を受けて、如来寿量品における世尊の教えが説かれていく。世尊は、菩薩および一切の大衆に、如来の言葉を信解《しんげ》すべきことを三たび告げ、弥勒を上首《じょうしゅ》とする菩薩たちはこれを信受するとし、世尊の説法を三たび請うてやめなかった。そこで世尊は、如来に秘密の神通力があることを聴けと述べてから、世尊が仏となって以来、実に無量無辺百千万億那由佗劫《なゆたこう》であると告げた。そのようなことは数えることもできず心力も及ばないという弥勒菩薩たちに世尊は次々と法を説いていく。以下にその内容をまとめてみる。

世尊は、久遠の昔より仏であり、常にこの娑婆《しゃば》世界で説法教化してきたが、世尊は、あらゆる者たちを救うために、さまざまな仏として出現し、相手に応じた教えを説く。いま世尊が世を去るのも（本当は世尊が菩薩道を行じて完成した寿量は尽きることがないのであるが）、この入滅という方便によって生ける者たちを教化するためなのである。諸仏如来の教えはみなこのようであり、それは生ける者たちを救うためであるから、皆真実であり虚妄《こもう》ではない。本心を失った病子たちに薬を飲ませるために自らの死を告げたという良医病子の譬えはこのことを意味した物語である。以上の教えを重ねて示すために最後に説かれた、「自我得仏来《じがとくぶつらい》」で始まる偈《げ》が、自我偈と言われるものであるが、それは、世尊はあらゆる生ける者をどうすればすみやかに成仏させることができるか常に念じている、という偈でしめくくられている。

このように、世尊が、無量の地涌の菩薩を教化できたのは久遠の昔より仏であったからであること、相手に応じてさまざまな仏としてこの娑婆世界に出現し法を説いたこと、そして昔菩薩道を行じて得た寿命は無限であるが、衆生救済のために方便として入滅することなどが如来寿量品では説かれている。

では、この如来寿量品を中心として明かされたと言われている久遠本仏思想とは、如何なる思想であるのか検討を加えてみよう。

方便品では、十方の諸仏はみな唯一の立場（一仏乗）によって説法したことが説かれたが、如来寿量品ではこれをさらに進めて、釈迦が説法教化する相手に応じてさまざまな仏となって現れたことが明かされ、一切の諸仏は釈迦一仏に統一されていった。天台智顗《ちぎ》ら後世の学者は、ここから如来寿量品で説く釈迦を本仏と呼んだのである。この本仏とは、天台の説く仏身論においては、三身相即し報身を正意とする仏身とみなされている。すなわち、天台によると如来寿量品は歴史上の釈迦という具体的な人格的存在をもって本仏とし、その寿命は無量であると説いたものと解されるのである。したがって如来寿量品の釈迦を天台は久遠の本仏とみた。

このように、諸仏を本仏に統一し、歴史的に存在する釈迦という人格に永遠の生命（寿命無量）を観じとったということは、『法華経』の大きな特質であると一般に言われている。そしてさらに、先の如来寿量品の概観において述べたように、釈迦は常にこの現実世界にあって一切衆生を救うためにあらゆる慈悲の教説を繰り返したことが強調されている。

こうしてみると、如来寿量品を中心として明かされた久遠本仏とは、仏身論、仏陀観として展開された仏の永遠性と具体性とを兼ね備え、また一切の諸仏を統合する仏であり、かつ衆生救済という慈悲に満ちた生命体として説かれていると言うことができよう。

以上要するに、『法華経』は、宇宙万有の統一的真理である一乗妙法を、その体現者たる釈迦の久遠の生命、すなわち久遠本仏を通して事実の上で説いたのであり、一切衆生はこの久遠本仏の教化を受けて一乗妙法に帰入することによって悟りの境地へと到るのである。

最後に、『法華経』はなぜこの一乗妙法を釈迦という人格を通して説いていったのかについてまとめておきたい。そもそも仏教とは、大乗仏教の理解においては、宇宙森羅万象《しんらばんしょう》をありのままに観察し、そこに発見された法（ダルマ）を悟って仏となった釈迦が、一切衆生をも自己と同じ境涯に導くために説いた教えである。したがって仏教は、宇宙の真理に対する信仰であると言うこともできようが、かかる真理とはあくまでも釈迦という人格によって覚知されたものであり、特に弟子、信徒たちにとっては、釈迦の説法を通して初めて聴聞《ちょうもん》し得た法、すなわち仏法（教法）であった。ゆえに、釈迦が入滅すると、先にみたように釈迦を追慕し、仏の永遠性や具体性が求められて、さまざまな仏身論や仏陀観が生まれていったのであり、それらを統一する立場から『法華経』が成立したのである。したがって『法華経』に説く真理は、こうした人格的要素を抜きにすることは許されなかったのではなかろうか。

釈迦を現実世界に出現した人格的存在として説いたということは、諸仏典の中で『法華経』の際立った特質といえようが、ところで、この釈迦と一神教における人格神とでは如何なる相違があるのであろうか。この問いを解くことは、『法華経』における仏観をより明確にすると思われるが、それは仏教の本質に関わり、本書のテーマを超えることになので、ここでは問題を提起するにとどめて先に進めることにしたい。

(3) 菩薩行道

菩薩とは、もともとは釈迦の前世において仏果を求めて修行していた時の名称であるが、大乗教徒たちもまた自らをそう呼んだのである。彼らは、釈迦と同じ悟りの境涯に到ることができるという信仰に立ち、それこそが釈迦の正しき教えであると確信していたからである。いずれにせよ、菩薩とは仏になるための修行中の者を意味すると言ってよかろう。

ただし、この悟りに到るための修行については、大乗経典のそれぞれにおいて相違がある。例えば、六波羅蜜《ろくはらみつ》行を三阿僧祇劫《あそうぎこう》という想像を絶するほどの長時間続けることを説く『般若経』や、文殊の導きにより善財童子が五十三の善知識を訪ねて法を聞き、最後に法界に入ることを説く『華厳経』と、後に述べる『法華経』に説く修行とではその内容をかなり異にしているのである。

こうした違いは、そもそも各経典が理想として描いた菩薩像に違いがあることによっていると思われる。

『法華経』は、先に成立の背景のところで述べたように、小乗や諸大乗教を包み込む絶対的大乗として、あらゆる人々に悟りに到る可能性があることを説いており、またこの現実社会を意味する娑婆世界を肯定的に見ていることからわかるように、そこに説かれる菩薩とはこの地球上に実際に生活し、仏道を求めようとして修行を積む一切の衆生のことを言うのである。そして天台家の解釈によると、これら衆生はいわゆる歴劫《りゃっこう》修行を経ずして、現身において仏果に到ることができるという。つまり速疾成仏するものと『法華経』には説かれているとみなされている。

では、こうした菩薩の修行について、『法華経』には具体的にどのように説かれているのか考えてみたいと思うが、まず、これについて説いている『法華経』の各品を指摘しておきたい。『法華経』解釈の伝統的な立場においては、『法華経』の前半、後半（因門・果門または迹門・本門の二門）をそれぞれ序分《じょぶん》、正宗《しょうしゅう》分、流通《るつう》分の三科に分かち、各流通分において菩薩行が説かれているとされている。すなわち、法師品《ほっしほん》より安楽行品《あんらくぎょうほん》、分別功徳品《ふんべつくどくほん》より普賢菩薩勧発品《ふげんぼさつかんぼつほん》がそれである。

これに対して、『法華経』の成立史的観点によると、先に述べたように、薬王菩薩本事品《やくおうぼさつほんじほん》以降は付加的部分としてはずした上で、法師品《ほっしほん》より嘱累品《ぞくるいほん》までの各品は菩薩行の発揚《はつよう》という統一した意図によって作成されたものとみなされ、従地涌出品《じゅうちゆじゅっぽん》、如来寿量品も菩薩行を強調した品とされるのである。この両品については、先に如来寿量品を中心とする久遠本仏論も菩薩行を通して明かされたと指摘しておいたように、確かに菩薩行を説いた箇所と見ることができる。

以下には、これらの諸品を一つひとつ説明するというのではなく、菩薩行の根本的なあり方と思われる点について若干《じゃっかん》の考察を加えてみることにしたい。具体的に言うならば、法師品で説かれたいわゆる五種の妙行および衣座室《えざしつ》の三軌《さんき》を中心として菩薩行についてアプローチする。

法師品には、『法華経』の具体的修行法として「受持《じゅじ》、読《どく》、誦《じゅ》、解説《げせつ》、書写」の五種行が説かれている。詳しい説明は省略するが、これらは自利行と『法華経』流布という利他行にわたっている。そして法師品では、この五種行の実践者こそ菩薩であると説かれているのである。

さらに法師品では、釈迦滅後の『法華経』弘通のあり方として、いわゆる三軌が説かれるが、ここに菩薩行実践の根本的精神が明かされていると言ってよい。三軌とは「如来の室」「如来の衣」「如来の座」、すなわち一切衆生に対する大慈悲心、柔和忍辱《にゅうわにんにく》の心、および一切法空の境地のことであり、以下の各品で詳しく説かれている。

一切衆生に対する大慈悲心については、常不軽菩薩品《じょうふきょうぼさつほん》に説かれる不軽菩薩の礼拝行《らいはいぎょう》から最もよく知ることができる。不軽菩薩はいかなる悪口罵詈《あっくめり》を受けても、相手を礼拝讃嘆し続けていったのであるが、その理由は、皆が菩薩の道を行じて仏になると信じていたからである。すなわちその行為には、自己を省みず、他者を思いやる深き慈悲の精神が脈打っており、しかもその根底には、人間の成仏可能性への洞察《どうさつ》があったのである。このように大慈悲心とは、単なる人間愛にとどまるものではなく、『法華経』の教えに基づいた真の愛であると言うべきであろう。なお、分別功徳品よりこの常不軽菩薩品までは、『法華経』弘通の広大なる功徳について説くことによって菩薩行の実践が勧められている。

次に、柔和忍辱の心については、勧持品《かんじほん》に詳しく説かれている。勧持品では、薬王、大楽説《だいぎょうせつ》等の菩薩たちが滅後の弘通を誓い、彼らはいかなる迫害を被《こうむ》ろうとも、自らの命を惜しむことなくこの『法華経』を弘めることをそこで宣言しているのであるが、こうした誓いを立て、忍辱の心を貫こうとすることができたのは、仏に対する絶対的な信が確立されていたからであると説かれている。また柔和忍辱の心は如来寿量品に説かれる「柔和質直者《しちじきしゃ》」に通ずるものであるとも言われている。つまり、人生のあらゆる絶望や孤独、さらに絶えざる悲しみを経ることによって、一切を受け入れ、ひたすらこの法を説くことのできる境涯、すなわち柔和質直者にいたることができるのであるが、これこそまさに柔和忍辱の心であるというのである。このように、柔和忍辱の心とは単なる忍耐強さではなく、絶対的な信と、あらゆる苦悩を経験した後にいたる境涯に立った心なのである。

さらに、一切法空の境地については、安楽行品に説かれている。そこでは、この世に存在する一切のものは空であり、ありのままの姿であって、移り変わりつつ移り変わらず、起こることも滅することもないと説かれている。空については、先に述べたが、一切法空の境地とは、こうした一切諸法のあり様をそのまま受け入れ、それが真実な姿であると悟ることであると思われる。ただし、『法華経』は諸大乗の空の思想を乗り越え、諸法を統一する根源の一法である一乗妙法を説くに至っており、空を積極的に捉え直していることを看過してはならない。

以上のように、如来の室に入って大慈悲心を起こし、柔和忍辱の衣を着して、一切法空の境地に座することこそ、菩薩行実践の根本的精神なのである。

最後に、先に述べた『法華経』の他の二つの思想との関連の上から、菩薩行道について考えてみたい。まず如来寿量品で説かれた久遠の本仏も、菩薩行の実践によって無量の寿命を完成したのであり、しかも絶えざる菩薩行をし続けてきたとされている。すなわち『法華経』は、限りなく続く菩薩行を通して、本仏としての釈迦の永遠の生命と娑婆という現実世界における人間的活動を明かしたのである。そしてさらに、『法華経』は釈迦滅後の弘通を託された者たちを菩薩と呼んでいるが、彼らは釈迦が行ってきた菩薩行を展開していくことを誓っている。ここには、菩薩たちも釈迦と同じ悟りの境涯にいたる可能性を秘めていることが暗示されており、一乗妙法の思想を感じとることができる。この菩薩たちは、自らは清浄な業《ごう》の報いを受けていたにもかかわらず、衆生を憐《あわ》れむためにそれを捨てて、願って滅後の悪世に生まれてこの経を説くことから、『法華経』では「如来の使い」と呼ばれている。

久遠の本仏である釈迦、そしてその命をうけて滅後悪世で法を説く菩薩たち、そこに貫かれているのは、いかなる迫害を受けようともこの現実世界に生きる人を救済し続けずにはおかないという精神であり、これこそ菩薩の実践の根源にして『法華経』思想の要諦《ようてい》なのである。

注＊　第一部の原稿執筆時には、田村芳朗『法華経―真理・生命・実践―』をはじめとする先学の研究を紹介した箇所には出典の注を附したが、これを省略して本書巻末に参考文献として記した。

特論1　大乗仏教研究の現在

釈迦は自ら筆を執ってその教えを書き残すことをしなかった。それどころか、長い修行を経て悟りを得た当初の釈迦は、とても他者の理解を得ることはできまいと考え、教えを説くことすら躊躇《ちゅうちょ》したという。インドの大乗仏教の理論的大成者といわれる竜樹《りゅうじゅ》（ナーガールジュナ、二〜三世紀ころ）はその著『中論』で真理や究極の境地は言葉で表現できないことを「言語道断《ごんごどうだん》」と表現している。諸天の長の位を占めるブラフマーの勧め（梵天勧請《ぼんてんかんじょう》）を受けて釈迦は教えを説き始めることになったが、釈迦は人々と対面して直接自らの振る舞いや話し言葉をもって語りかけ、その悟りの境地を個々に伝えていったものと思われる。そうした釈迦の言葉が後に経典として記されるまでの過程については本書の第二章で概観したが、ここではその後に進展した諸研究の中から大乗仏教の起源に関する研究について若干《じゃっかん》紹介しておきたい。

本書の第二章では、小乗仏教を釈迦の教えに反するものとした大乗仏教が釈迦の直説《じきせつ》ではなく後世に成立したものとする大乗非仏説に言及したが、この大乗仏教を後世に伝えた大乗経典とはどのような歴史的背景の下で成立したと今日考えられているのであろうか。そして、そもそも仏説とは何なのであろうか。

第二章で論じたように、大乗経典の成立は紀元一世紀以降であるが、大乗仏教の教えは紀元前一世紀には説かれていたと推定されている。明治以降の研究では小乗仏教をこの大乗仏教の源泉と捉え、釈迦滅後一一〇年前後のことと言われる根本分裂によって現れた小乗の大衆部の中から大乗仏教が生じたとする前田慧雲《えうん》氏の説が研究者の間で支持されたが、平川彰《あきら》氏が一九六八年に出版した『初期大乗仏教の研究』により、小乗仏教とは関係のない場所で大乗仏教が生まれたとする説が有力視されるようになった。すなわち、平川氏は小乗仏教の出家者たちと一般の社会生活を営む在家者たちとを対立させ、後者の在家者たちが釈迦の遺骨を安置する施設である仏塔（ストゥーパ）を拠点として集まり、ここから大乗仏教がはじまったと論じたのである。

この平川氏の「在家仏塔起源説」はその後、絶大な影響を研究者に及ぼし、定説としての位置を占めてきたが、新たな文献の発見や考古資料への関心、さらには大乗経典そのものに関するさまざまな角度からの研究が進展することによって、大乗仏教の起源に関する研究は次なる段階に到達している。

新たな文献の発見としては、八〇年代以降、『勝鬘経《しょうまんきょう》』や『維摩経《ゆいまきょう》』といった大乗経典の原典が発見されたことが注目され、文献学の進展にも大きな影響を及ぼしている。考古資料への関心としては、それまで重視されることのなかった碑文《ひぶん》やイコンが新たに研究の対象となったことなどが注目される。このような研究の進展によって平川説を批判する流れが生まれていったが、その中でもグレゴリー・ショペン（Gregory Schopen）の研究は欧米や日本の研究者にそれまでの研究の見直しを迫るものである。ショペンは、後世の目から見た抽象的な思想内容よりも文献や考古資料から読み取れる事実を重視して、独自の大乗仏教理解を展開した。ここではその要点について述べておきたい。

はじめに、ショペンの学説は平川説の批判として名高いが、それはかつての大乗仏説、非仏説論で展開されたような抽象的な教理論争から大乗仏教の具体的な担い手《にないて》を歴史的に解明しようとする平川説が切り拓いた研究手法を継承していることを知らなければならない。しかし、ショペンは律蔵の厳密な解読の上に碑文や建造物、美術作品といった考古資料に依拠して、平川説とは大きく違う大乗仏教の実像を描いて見せた。すなわち、ショペンは「大乗」という言葉が経典以外のインドの碑文には五、六世紀に至るまでは現れていないことなどを根拠に、この時代にはまだ大乗仏教教団が自立してはいなかったとしたのであるが、これは小乗仏教教団の外に大乗仏教を担った教団の存在を考える平川説を成り立たなくする学説である。

平川説においては、小乗仏教から大乗仏教へという直線的なモデルを前提として、その流れを担ったのは小乗教団に対して別個の教団として形成された大乗教団であるとしている。しかも、前述したように、その教団を構成するのは仏塔を拠点として集まった在家者であり、彼らは世俗を離れた出家主義の僧院仏教を批判して小乗仏教と貶称《へんしょう》したというのである。ところがショペンは、僧院の出家者たちはすでに財産を私有して経済活動や労働を行うという世俗的な生活を営むようになっていたとし、これに対して僧院内部から釈迦本来の理念に帰ることを目指して現れたのが大乗仏教であるとしたのである。

平川説によって大きく進展した大乗仏教の起源に関する研究はショペンによって新たな段階に至り、今日ではこれらの学説を基礎にして多方面からの研究が進められている。すなわち、小乗仏教から大乗仏教へという直線的なモデルを否定し、特定の僧院や在家の教団に限定された出来事ではなく、同時に複数の場から現れた一つの社会現象として大乗仏教を把握《はあく》することができるとの指摘がある。また、小乗仏教と大乗仏教を二項対立させるのではなく、小乗仏教を伝統仏教と表現してその中に大乗仏教は生まれたとし、実際に伝統経典と大乗経典を同時に読誦する僧院があったとする説もある。さらには、在家の教団でも、出家者の僧院でもない阿蘭若（アランニャ。阿練若・阿蘭那とも音写される。もともとは森林を意味する言葉で町や村から離れた郊外の場所のこと）という修行の場で大乗仏教が生まれたとする説などがある。

もっとも、平川氏も、『初期大乗仏教の研究』の「はしがき」において、「仏塔信仰が大乗仏教の有力な源流の一つである」と述べているので、ここからは大乗仏教の流れが幾筋もある可能性を否定していなかったと理解することもできる。

今後は、ショペンが明らかにした、これまでの研究者たちが小乗仏教から大乗仏教へと展開した中国仏教史の流れを前提としてインド仏教を考えてきたことの問題性、竜樹がその生きた時代においてまだ大乗仏教は受け入れられていなかったことを意味する言葉を残していること、そして六世紀初頭ころまで大乗仏教および大乗の集団に対してなされた寄進物あるいは支援に言及した碑文がインドにまったく残されていないという事実を、どう受け止めるかという歴史的、教理史的な問題と、時系列に閉じ込めるだけではなく、そもそも仏説とは何かという観点から大乗仏教を捉え直すという本質的な問題に取り組むことが必要であると思われる。

文字として自らの悟りを書き残さなかった釈迦。その釈迦の教えに迫るという信仰と情熱こそが小乗経典、そして大乗経典を生んだことに思いを馳《は》せつつ、私たちもその後を追っていきたい。

コラム1

菩薩 ——人々の幸福のために尽くす大乗の理想像——

ジャータカにも利他の教訓が

「菩薩」という言葉を聞いた時、仏教に親しみを感じている人であれば、すぐに思い浮かべるのは、十界（地獄・餓鬼・畜生・修羅・人・天・声聞・縁覚・菩薩・仏）の中の「菩薩界」でしょう。しかし、世間では、菩薩という名前から思い浮かべるのはどこかの寺の〝観音《かんのん》菩薩〟や〝弥勒《みろく》菩薩〟の像ではないでしょうか。そして、仏と菩薩と、さらには神とどこがどう違うのか、ごっちゃになっているのが実情だと思います。

そこで、この菩薩について仏教ではどのように説かれているのかを見てみましょう。

最初に「菩薩」という言葉ですが、これは古代インドの文語（これをサンスクリット語といいます）の「ボーディサットヴァ」という言葉に、中国で漢字を当てはめて「菩提薩《ぼだいさっ》埵《た》」としました。この「菩提薩埵」のうち、「提」と「埵」を略して「菩薩」というのです。「菩提」には「悟り」、「薩」には「人」という意味があります。

つまり、菩提（悟り）を求めていく薩（人）が菩薩で、その本質は「上求菩提《じょうぐぼだい》・下化衆生《げけしゅじょう》（上菩提を求め、下衆生を化す）」と言われています。簡単にいえば、自ら仏法における無上・最高の悟り（無上菩提といいます）を求めて修行に励《はげ》むとともに、多くの人々に仏の教えを伝えて救おう（教化）とする人のことを菩薩というのです。

ところが、仏教の歴史の中では菩薩といっても、教えによってその意味するところが違っていました。

小乗仏教では、仏の悟りを得るために長い間、きわめて困難な修行をしていた釈迦の前世の姿を菩薩と呼んでいたのです。

「ジャータカ（釈迦の過去世の修行のありさまを説いたもの）」には、釈迦はある時には、鷹《たか》に追われた鳩を助けるために自分の身の肉を鷹に与えた尸毘《しび》王であったことや、また、山火事から空を飛ぶことのできない動物達を助けるために、自らの羽を湖で濡らしてその滴《しずく》で火を消そうとした雉《きじ》であった、と説かれています。

弥勒、観音など、種々の特性を生かし社会に尽くす存在

大乗仏教では、菩薩とは釈迦だけのことではなく、仏の悟りを求めて修行するあらゆる人々を呼ぶようになりました。その修行の内容は、先のジャータカにおいてもそうでしたが、利他行を根本としていました。

そうした修行の段階の釈迦以外の菩薩として、大乗仏教では、観音菩薩、文殊師利《もんじゅしり》菩薩、弥勒菩薩など多くの菩薩たちが説かれているのです。

日蓮が菩薩について述べている御文の一つに、「六道の凡夫《ぼんぶ》の中に於《おい》て自身を軽んじ他人を重んじ悪を以て己に向け善を以て他に

与えんと念《おも》う者有り」(『日蓮大聖人御書全集』四三三頁。以下、『御書』と略する)とあります。六道の凡夫とは、地獄界から天界までの迷いの衆生で、厳しい現実社会の中で生きる衆生(人間だけでなくあらゆる動物も含む)をいいます。

この衆生の中にあって、自分の幸福よりも(「自身を軽んじ」)、他の人々の幸福のために(「他人を重んじ」)、勇気ある実践に励み(「悪を以て己に向け」)、その人のためになることをしよう(「善を以て他に与えんと念う」)とする人々こそ、菩薩であると教えています。これは、菩薩といえば、特別の世界にいる存在だという考え方を打ち破っているのです。

そして、菩薩それぞれの名は、どのようにして人々のために尽くすかを特徴的に表しています。したがって、例えば、美しい声や演奏で人々の清らかな心を引き出すことができる音楽家は、〝妙音《みょうおん》菩薩〟の働きをしているといえます。また、人々の病を治療して大切な命を守る医師や看護師は、〝薬王《やくおう》菩薩〟ともいえるでしょう。

特に、日夜、『法華経』の教えを人々に伝え、成仏というゆるぎない幸福境涯へ導くために寸暇《すんか》を惜しんで活躍する人が、〝地涌《じゆ》の菩薩〟です。

「日蓮と同意」の信心に地涌の菩薩の働きが躍動

このように、菩薩とは寺院などにある「菩薩像」などではなく、私たちの生命に具わる「菩薩の生命」をいうのです。また利他の人格（者）をいうのです。日蓮は、この菩薩の生命を引き出すのが、自ら図顕した本尊への強い信心であると説いています。

にもかかわらず日本においては、「菩薩」の称号が朝廷より高僧に与えられたことから、権威の象徴とされてしまい、僧の堕落を招いたこともありました。

「日蓮と同意ならば地涌の菩薩たらんか」（『御書』一三六〇頁）とあるように、「日蓮と同意」の信心、つまり妙法を自ら行じるとともに、人々にも教える自行化他の実践に励む中に、最も偉大な地涌の菩薩の生命が涌現《ゆげん》し、その人の社会の中での活躍の上に、あらゆる菩薩の働きが躍動していくことを忘れてはならないでしょう。

豆知識

【観音菩薩】 世音（世の中の動き）を観じて衆生救済に動く慈悲の菩薩。

【弥勒菩薩】 未来に釈尊の仏位を継ぐとされる。慈悲を特質とする。

【文殊師利菩薩】 普賢《ふげん》菩薩とともに釈迦の側《そば》で仕《つか》える。智慧にすぐれている。

【妙音菩薩】 妙《たえ》なる音声で仏の教えを広め、社会を利する。

【薬王菩薩】 良薬を衆生に施し、衆生の心身両面の病を治す。

【地涌の菩薩】 『法華経』で釈迦の呼びかけに応じて大地から現れた菩薩。末法の『法華経』の弘通を誓っている。妙法による根源的な救済を任務とする。

第二部　古　代

第四章──日本古代の仏教受容

今日、わが国は世界でも有数の仏教国と言ってよい。釈迦によって説かれた仏教固有の思想がどこまで国民によって理解され、実践に移されているかは今後問い直す必要があるが、少なくとも信者数や寺院数、それに宗教上の慣行に占める仏教の役割を考えるならば、わが国はおそらく代表的な仏教国の一つに列せられるのではなかろうか。現在、仏教発祥の地インドにおいて仏教は少数者の宗教といっても過言ではないような状態にあるにもかかわらず、なぜわが国ではここまで仏教が定着し得たのであろうか。

そもそもこの仏教とわが国との出会いは、古代まで遡《さかのぼ》らねばならないが、この古代における仏教受容のあり方は、その後のわが国と仏教の関係を大きく規定するものであったと言われている。そこで本章では、右の問いを解く一つの鍵として、わが国が仏教と初めて出会った古代において、仏教がいかに受容されていったのかを探ることとする。

ところで、仏教が伝来され定着していく過程は、わが国の古代統一国家の形成期に当たっているると言われているので、本章では特に古代国家の成立と仏教の役割という観点を中心に据えて論を進めてみたい。

(1) 仏教伝来の背景

① 仏教公伝以前のわが国の宗教事情

縄文時代のころのわが国の宗教は、恵まれた気候や地理的条件などが影響したからか、自然に順応して現世を肯定的に捉えようとする信仰形態を一つの特徴としていたと言われる。次の弥生時代になると、水田耕作が行われるようになるが、稲作は農耕社会の形成を促し、やがて生産力の増大と階級分化を伴っていわゆる氏族社会を成立させていった。農耕社会は、社会的な性格の強い宗教信仰を生み、氏族社会の段階に至っては氏族の反映を祈る氏の神への信仰へと発展したが、この氏の神はやがて同族意識が強まるにしたがい祖先神として尊敬されるようになっていった。また稲作は、人知を超えた自然の力に大きく左右されるが、自然は時に狂暴であり、人々はそれを鎮めるためには祈りを捧げるしか術《すべ》はなかった。自らの病気等の災厄についても人々は同様に対処するしかなかったであろう。

これらを総じて、仏教伝来以前のわが国の宗教は、いわゆるアニミズム段階が続きつつ、一方では社会的な性格の強い宗教が信仰されていたと言うことができよう。このような信仰を通して人々が求めていたものを具体的に言うならば、それは自らの治病延命や先祖崇拝、豊作や社会の繁栄を祈るという現実的な願望に帰着すると言ってよい。

②仏教公伝

仏教公伝の年代については、『上宮聖徳法王帝説《じょうぐうしょうとくほうおうていせつ》』『元興寺縁起《がんこうじえんぎ》』によって欽明《きんめい》天皇の戊午《ぼご》の年（五三八年）とする説と、『日本書紀』によって欽明天皇の壬申《じんしん》の年（五五二年）とする説との両説が古来対立している。本章ではいづれの説が真実なのかは問わないが、年代に相違があっても、両説とも欽明朝期のこととし、百済《くだら》の聖明《せいめい》王から仏像・経巻類を献じられたことをもって仏教の公伝としている点を指摘しておきたい。もっとも、以上のいずれの史料も後世に成立したものであることなどの理由から、両説とも決定的な根拠は欠いていることを補足しなければならない。

さて、欽明期のころは、氏姓制社会から古代統一国家への一つの転換期であると言われ、朝鮮においては高句麗《こうくり》・新羅《しらぎ》・百済の三国の対立が激化し、特に劣勢に置かれた百済はわが国の救援に期待していたのである。こうした背景をみるならば、仏教公伝は単なる文化的事件ではなく、政治的な意味をそこに読みとる必要があるように思われてくる。当時の政治情勢や仏教公伝を記した史料の編纂《へんさん》者の意図などを究明するなどして、今後この問題については詳しく検討してみなければならないであろう。

ところで、政治的支配者間における仏教の公伝は欽明朝を待たねばならなかったようであるが、仏像が描かれている新山《しんやま》古墳の三角縁神獣鏡などが発見されていることから、四、五世紀にはすでに何らかのかたちで仏教はわが国に伝わっていたことが証明されている。また、応神《おうじん》天皇の時代に王仁《わに》が中国の典籍をもたらしたという言い伝えや、六世紀の五経博士の渡来は、仏教公伝以前には儒教等の中国思想がわが国に伝えられていたことを示している。このような事実は、中国から文物を受け入れる前例となり、後の仏教受容のための土壌づくりをしたのではないかと思われる。

③仏教とわが国固有信仰の融合

わが国においては、中国で行われたような国家権力による仏教への徹底した弾圧がなく、後に論じる蘇我《そが》氏、物部《もののべ》氏の抗争があったとはいえ、外来宗教である仏教は比較的容易に定着し得たと伝えられている。ここでは、このようなことを可能にした前提条件について若干《じゃっかん》指摘しておきたい。

まず、そもそも伝来時において仏教は、いかなるものとしてわが国の人々に考えられていたのであろうか。仏教伝来時の背景については先に述べておいたが、当時はすでに中国や朝鮮諸国との交流が深まり、わが国は自国の文明の遅れを知るようになり、これらの国々に遅れまいと努めていたのである。このような時に仏教は伝来されたわけだが、きらびやかな仏像や深い教えの説かれた経巻類はまさに先進文化の象徴として、人々の羨望を集めて受け入れられたと想像することができる。

しかも仏教は、幸いにもわが国の固有信仰と大きく対立することを避け得たのである。その理由の一つとして考えられるのは、仏教をわが国の固有宗教とまったく断絶した教えとしては受けとめなかったことがある。実はわが国の人々は仏教固有の教えを解することなく、仏教の説く仏とは異国の神、すなわち客神《まろうどがみ》と考えていたようなのである。仏教の受容に賛成の者も反対の者も同じ理解であり、その上で国神《くにつかみ》の怒りを買うから排斥《はいせき》しようとしたり、他の文明国に受け容れられているからわが国もそのようにしなければならぬと主張したりしたのである。

しかも、当時の人々の信仰を集めていた自然神崇拝《すうはい》や祖先崇拝といった宗教的願望を公伝時の仏教が満たし得たと考えられているのであるが、これは仏教受容を可能とした重要な理由であると言えよう。このような事実は、自らの宗教的願望に叶《かな》うように仏教を理解していこうとする、わが国の柔軟な文化受容のあり方を示すものであるが、同時にこのような宗教的願望に応え得た仏教のフレクシブルな側面を表していると言ってよい。わが国の固有宗教と仏教との間に大きな断絶が生じなかったのは、こうしたことが幸いしたものと思われる。

(2) 蘇我氏と仏教

① 蘇我氏の仏教受容

欽明天皇は、公伝された当時の仏教にはあまり関心を寄せていなかったか、もしくはこの国の神を司《つかさど》る者としての立場を考えてか、百済の聖明王の献じた仏像を大臣・蘇我稲目《いなめ》に譲り渡したと伝えられている。稲目はこの仏像を私宅に安置したことから、そこがわが国最初の寺院である向原寺《むくはらでら》となったと言われる。稲目の子の馬子《うまこ》も積極的に崇仏の立場を貫いたが、時の大連《おおむらじ》・物部尾輿《おこし》とその子の守屋《もりや》は排仏論を主張した。仏教受容をめぐっての蘇我氏、物部氏の対立は、朝廷内における両者の政治的対立がその背景にあったものと思われるが、異国の宗教に接した時の相反する二つの態度を示していて興味深い。

『日本書紀』によると、稲目は先進諸外国がみな尊ぶ仏教に独りわが国が背《そむ》くことはできないとし、尾輿は蕃神《ばんしん》を拝するならば国神の怒りに触れるとして崇仏《すうぶつ》に反対したというのである。ではこのような意見を表明した両者の置かれた立場とはいかなるものであったのか考えてみよう。

蘇我氏は、孝元《こうげん》天皇の曾孫《そうそん》として名高い武内宿禰《たけのうちのすくね》の子孫と言われているが、五世紀後半のころ宿禰の孫、満智《まち》が雄略《ゆうりゃく》天皇の時代に三蔵を管掌《かんしょう》して以降、代々朝廷の財務を執っており、物部氏や大伴《おおとも》氏を武官とするならば文官といった立場にあったと言ってよい。このような関係から、朝鮮との交渉が激しくなると外交面においても活躍するようになったのである。蘇我氏は仏教公伝以前から朝鮮の文物に親しみ、文化の移入に努めていたのである。物部氏は、大和時代から伴造《とものみやつこ》として軍事・刑罰を執り、四、五世紀に大伴氏とともに大連となった名族である。物部氏は中臣《なかとみ》氏、三輪らとともに国神と関わりの深い氏族であったと言われている。欽明朝においては蘇我氏と並んで政治の中枢にあった。このような両者の朝廷における地位の違いが、仏教公伝においてはあのような意見の対立として表れたのではないかと思われる。

結局、蘇我氏と物部氏との対立は武力衝突に発展したが、一族の流れをくむ聖徳太子の参戦などを得て蘇我氏の勝利に終わり、この国は仏教を受容していくことになった。

こうしてはじめに仏教は蘇我氏によって受け入れられたが、物部氏のような宗教的な背景を持たなかった蘇我氏にとって仏教はその勢力拡大のためにも必要な教えであったことから、この時期の仏教は蘇我氏という氏族のための仏教ということで「氏族仏教」の段階と理解されることがある。しかし、この蘇我氏の仏教受容については、検討を加える必要のある重要な問題がある。すなわち、当時の国家権力の性格を考えた場合、はたして蘇我氏が主導した仏教受容は一氏族の私的な受容とすべきか、それとも一氏族の利害を超えた国家権力との関係を無視できない公的な性格を有したものとすべきか、明らかにしなければならないのである。

②蘇我氏と国家権力

ところで、国家鎮護《ちんご》のために仏教が受容され国家権力の支配機構の中に位置づけられるまでの重要なエポック（新時代）として、大化改新前代においては一般に聖徳太子の執政が挙げられている。太子は、天皇を中心とする古代統一国家の形成のために仏教の役割を高く評価したのであり、太子の政治は仏教を抜きにしては考えることができない。しかも太子は、個人の仏教信仰というレベルにおいては、わが国固有の宗教の立場から理解された仏教にとどまらず、深き悟りの境地を説いた仏教固有の思想を領解《りょうげ》した人物とされている。太子が撰述《せんじゅつ》したと伝えられる『三経義疏《ぎしょ》』などにみられる思想はそれを証明するものであり、このような太子の仏教理解は、個人の信仰を超えて「十七条憲法」といった形で国家統治のための理念に反映していったと言われている。

このような聖徳太子についての評価は、後の平安時代に成立した『上宮聖徳法王帝説』や『聖徳太子伝暦』の記述、または太子が推古《すいこ》天皇から万機を委《ゆだ》ねられたとする『日本書紀』の記述などを史実として受けとめるという立場から生まれた太子像に基づいたものであるが、今日では、例えば『日本書紀』編纂の背景や意図についてさまざまな論議がなされ、その結果、その記載内容を史実とする見方は大きく修正を迫られており、太子像についても検討が進められている。

こうした研究状況の変化に伴って、太子と共に推古天皇の下にあって実権を掌握《しょうあく》したと言われる蘇我馬子の役割が見直されるようになっているが、その底流には、そもそも蘇我氏が政治の中枢に入ってより大化改新《たいかのかいしん》までの政治史は、蘇我氏と天皇家との権力闘争という面があったのではないかという理解があるのである。もし、大化改新以前の政治史をこのように見て当時の仏教受容について考えるならば、いままで一氏族のものとされてきた蘇我氏の仏教受容は再評価されねばならなくなるであろう。この大化改新以前における天皇と蘇我氏との関係をどう理解すべきかという問題は、「国家仏教」と呼ばれる国家によって統制された体制仏教が成立する過程を考察するために避けては通れない問題なのである。ここではこうした古代の仏教史研究の現状について考えてみよう。なお、「国家仏教」については本書の第七章でも論じるが、今日では「国家仏教」という概念自体が議論の対象になっていることを指摘しておきたい。

さて、仏教公伝当時、天皇はまだ傍観的態度をとっており、仏教を積極的に受容したのは蘇我氏であったことから、わが国の仏教はいわゆる「氏族仏教」として受容されたと理解して、古代仏教は最初から「国家仏教」であったわけではないとする学説があるが、これに対しては、では蘇我氏の仏教は国家との関わりを持たぬまったく私的なものと言うことができるであろうかという反論がなされている。

この問いに答えるために、まず考えてみなければならないのは、いわゆる「国家仏教」のメルクマール（指標）とはいったい何か、またその前提として古代仏教とはそもそも何なのかということである。いわゆる「氏族仏教」から「国家仏教」へと古代仏教の変遷を主張する説においては、古代律令国家によって公式に認められて支配機構の中に位置づけられ、国家統治のための役割を付与された段階の仏教を「国家仏教」と呼んでいる。「国家仏教」という概念を認めるのであれば、律令国家の成立期における仏教を「国家仏教」ということには異存はないであろう。ただし、これに対して、一氏族である蘇我氏の仏教であるがゆえに私的な「氏族仏教」であると簡単に言うことが許されるのであろうか。律令国家の仏教ということを「国家仏教」のメルクマールとすると言うのなら、論議の余地はないが、「国家仏教」のメルクマールを律令国家にのみ置くのではなく、広く国家との関係性という点に置くのであるならば、蘇我氏の仏教を「氏族仏教」とすることについては再考が必要となろう。なぜならば、大化改新以前の国家の様相を考えてみると、蘇我氏の仏教は単なる私的なものではなく、ある意味で国家的要素を含んでいたと考えられるからである。

このような立場から言うならば、「国家仏教」の完成は律令時代を待たねばならないとしても、蘇我氏の仏教受容を「氏族仏教」の段階とするのは適当ではなく、「国家仏教」の完成に向けての一段階と評価しなければならなくなるのである。

では、具体的に大化改新以前の国家と蘇我氏の仏教について考えてみよう。わが国は西暦三世紀のはじめのころ邪馬台国《やまたいこく》の女王卑弥呼《ひみこ》によって初めて統合され、その後、現在の皇室の祖先とされる豪族が大和朝廷を開くに至ると伝えられている。この両政権の関係についてはよくわかっていないが、邪馬台国と大和朝廷は同一であるとする説や邪馬台国から大和朝廷へ何らかの形で政権が移行したとする説などがある。いずれにしてもこの大和朝廷の勢力は、四世紀半ばには東国方面さらには朝鮮半島に及び、また五世紀のはじめになると応神《おうじん》天皇や仁徳《にんとく》天皇の古墳と伝えられている巨大な陵墓《りょうぼ》がつくられるようになるから、後に天皇と呼ばれることになる権力者を中心とする強力な国家統治が実現したと考えることができる。

しかし、当時の国家形体は、律令国家のように天皇が全国の領地領民を直接支配するというものではなく、各豪族がそれぞれの氏の領地領民を支配しており、天皇はこれらの豪族の首長である氏上《うじのかみ》を支配するに留まったのである。すなわち天皇は、自らの直轄地およびその領民については直接支配したが、各豪族の領地領民については氏上を通じて間接的に支配したのである。

もっとも五〜六世紀ころになると各氏の長は大和朝廷の統治機構の中に編成され、国家支配のための地位を与えられるという、いわゆる氏姓制度が確立していくが、やはりこの段階でも各氏はそれぞれの氏上が直接支配することの変わりはなかった。すなわち氏上による領地領民の支配は、今日の法律学の立場からみるならば、単なる私的な支配ではなく、公的な性格を有する支配であったと言うべきである。したがって、当時の国制は天皇によって氏上が統治されているが、各氏は天皇ではなく氏上が直接支配するという、「統合的分権制」（石井良助氏の学説）と呼ぶことができる。

また、氏姓制度は、各豪族の首長を国家の支配機構に組み入れることによって、天皇権力を強固にしたが、一方で各豪族に朝廷内における勢力拡大の機会を与えることにもなったのである。仏教伝来当時の国家形体はおおよそこのように説明することができる。

さて、蘇我氏は欽明天皇の時代には大臣となり朝廷政治の中枢を占めたが、その勢力は拡大の一途をたどり、ついには崇《す》峻《しゅん》天皇を自らの手で殺害するに至るのである。このような蘇我氏の政治的立場を念頭に入れ、蘇我氏と仏教の関係について考えてみよう。

蘇我氏は、前述したように、百済から公伝された仏像を欽明天皇よりもらい受けて私宅に安置したと伝えられており、みてきたように、ここに「氏族仏教」としての私的な仏教受容が開始されたとする説がある。しかしこの仏像は、そもそも百済という朝鮮半島の一国家がわが国を統合する地位にあった天皇に贈ったものであり、しかもその背景には先にも述べたような百済への派兵依頼という国家間の外交上の問題があったと考えることができるので、国家との関係を度外視してこの仏像を理解することはできないと思う。しかも、蘇我氏が仏教を受容したのは一族の繁栄という私的な目的のためと一般に言われているが、先にみたように当時の国制を考えるなら氏族の権力はまったくの私的な権力とは言い切れないし、蘇我氏の当時の政治的地位や婚姻による天皇家への接近、さらには天皇殺害に及ぶその後の歴史をみるならば、蘇我氏の繁栄は単なる一氏族の繁栄という私的なものと考えるべきではなく、国家権力への接近を意図する、いわば公的な性格を有していたと見るべきであろう。蘇我氏の権力をこのように考えるならば、わが国最初の本格的寺院であり、蘇我氏の私寺とされてきた法興寺《ほうこうじ》の性格についても再考しなければならなくなる。法興寺は、確かに蘇我馬子個人の発願によって創建されたが、それは朝鮮三国の造営技術が駆使された壮大な伽藍《がらん》であり、後の推古三十二年（六二四）に設置された僧官も法興寺に置かれたとする説があるほどで、事実上他の氏族の頂点に位置していた。しかも蘇我氏は用明天皇や推古天皇の外戚であり、代々国家支配の要職に就いていたことなども考え合わせると、この蘇我氏の権威の象徴とも言うべき法興寺は、単なる私寺を超えた性格を有していたと見た方がよいであろう。

次に近年、推古朝における蘇我馬子の政治的地位に関する従来の評価に修正を迫る説が現れていることについて触れておきたい。すなわち、かつては『日本書紀』の記述にもとづいて、推古朝においては聖徳太子が主導し、これに馬子が加わるかたちで政治が行われていたとされていたが、実際は馬子が主導的立場にあったというのである。こうした説の根拠となっているのは、『日本書紀』編纂の背景に関する新たな見解である。かつて歴史的事実を記述したものと考えられた『日本書紀』は実は確立された律令国家の天皇支配を正当化することを目的として編纂されていた、と言われるようになって年久しいが、いままたこれに対する批判がなされているのである。すなわち、『日本書紀』が律令国家の天皇支配を正統化する目的で編纂されたことを認めながらも、その背景には藤原氏の意思がはたらいていたという説である。具体的には、『日本書紀』に記されている「聖徳太子の聖業→蘇我氏の手にかかる太子一族の滅亡→中大兄皇子《なかのおおえの》、中臣鎌足《なかとみのかまたり》（後の藤原氏）による蘇我入鹿《いるか》の暗殺、蘇我氏の滅亡」という展開には、藤原氏の権力を正統化するために脚色された点があって、これは藤原不比等《ふひと》が『日本書紀』編纂に決定的役割を果たしていたから可能となったとし、不比等は鎌足の行動を評価させるために入鹿殺害を故《ゆえ》あるものにしなければならなくなり、そこで太子の功績を事実を超えて讃嘆することによって、その一族を滅ぼした蘇我氏の罪を強調したというのである。このように『日本書紀』編纂の背景を考えるので、聖徳太子が過大に評価され、結果として馬子の存在は事実に反して低くみられることになったというのである。

また、これとは違った理由で馬子の再評価を主張する説もある。すなわち、『日本書紀』はやはり太子の偉業を記すことを主眼としているが、にもかかわらず太子が馬子と協力して多くの重要な政務を行っていたことが述べられているのは、馬子が決して無視できぬ大きな働きをしており、『日本書紀』編纂当時においてもそれを記さずにはおけなかったことを意味しているというのである。以上のように馬子をみるならば、問題となっている蘇我氏の権力は単なる私的なものとは言い難くなるであろう。

このような権力を有した蘇我氏が仏教を重んじたのは、先にも少し触れたが、蘇我氏が朝廷にあって祭祀《さいし》を担当した忌部《いんべ》氏や中臣氏のような宗教的権威との関わりを持たなかったことに起因しているという説もある。宗教が絶大な威力を有した時代に自己の権力を高めるには何らかの宗教的権威が不可欠であり、わが固有宗教と縁の薄い蘇我氏は仏教にそれを求めたというのである。すなわち、国家権力への接近を可能にするために、蘇我氏は仏教を積極的に受容していったという理解である。蘇我氏が国家権力そのものを掌中に入れることまで考えたか否かは今後検討してみなければわからないが、馬子による崇峻天皇殺害という事実や、入鹿の暗殺によって大化改新がはじまったという『日本書紀』の記述が真実であるならば、そのような目論見《もくろみ》がなかったとは決して言えないように思われる。

結論として、右に述べたさまざまな新説に依拠して言うならば、仏教が公伝された欽明朝より推古朝に至るまでの時代は、蘇我氏を中心として仏教が受容されていったと言えるが、そうであるからと言って仏教は「氏族仏教」と言うようなまったくの私的な宗教であったと見るべきではなく、律令制度確立以前の当時の国家のあり方をはじめ蘇我氏の政治的地位やその行動を考慮するならば、少なくとも馬子によって受容された段階の仏教は、すでに国家権力と深い関わり合いを持っていたと解したほうが良いように思われる。

(3) 歴代天皇の仏教観

蘇我氏によって受容された仏教は、やがて国家支配のための重要な役割を担《にな》うことになっていくが、その要因として一つには、公伝された当時の仏教にみられる支配イデオロギーとしての思想的側面、二つには歴代の天皇が仏教に対する関心を深めていったことを挙げることができよう。前者については次節で述べることとして、ここでは後者から考えてみたい。

天皇が仏教への関心を深めていったのは、仏教に象徴される中国や朝鮮の先進文明へのあこがれや、天皇家の災厄《さいやく》を乗り越えるための力ある宗教への願望が大きく与っていると言われている。また蘇我氏が物部氏との争いに勝ち、朝廷内に多大なる影響力を及ぼすようになったこともその背景にはあった。ただし、天皇の仏教との関わり方にはいくつかの段階があるので、ここでは歴代天皇の仏教観の変遷を『日本書紀』を拠り所として概観してみよう。

① 欽明天皇

『日本書紀』によると欽明天皇は、百済から渡来した仏像や教典をみて、「西蕃《せいばん》の献《たてまつ》れる仏の相《そう》貌端厳《ぼうきらぎら》し、全《もっぱ》ら未《いま》だかつてあらず。礼《うやま》うべきやいなや」「朕《ちん》、昔よりこのかた、未だかつてかくの如き微妙《みみょう》の法を聞かず」といって歓喜したと記されているが、天皇は元来わが国の農耕社会の祭祀《さいし》を司る立場にあり、易々《やすやす》と仏教を受け入れることはできなかった。仏教は先進文明の象徴として魅力ある宗教であったが、あくまでの蕃神《となりのくにのかみ》の教えとしてみられていたのである。結局天皇は、先に述べたように、臣下の蘇我氏に任《まか》せて自らは傍観《ぼうかん》的態度をとるにとどまったという。

②敏達天皇

敏達《びたつ》朝のころには疫病《えきびょう》が流行したが、物部氏らはこれは仏教伝来に対する国神の怒りと主張した。天皇も物部氏の申し出を受け入れ、「宜《よろ》しく仏法を断つべし」と詔《しょう》したと言われる。

これをもって敏達天皇は排仏《はいぶつ》を推し進めたとする説がある。他方、この詔は一時的な政策にすぎないのであって、やはり天皇は仏教に対して傍観的であったとする説もある。いずれにしても、天皇は仏教の受容を肯定的に行おうとはまだしていなかったと考えられる。

③用明天皇

これに対して用明天皇は、仏教信受に肯定的であったと言われている。『日本書紀』には、「天皇、仏法を信《う》けたまひ、神道を尊ひたまう」と記されていることから、用明天皇をもって、私的に仏教に関心をよせた最初の天皇であるとする説もある。

天皇が仏教を信受した動機としては、法隆寺金堂《ほうりゅうじこんどう》の薬師《やくし》仏の光背《こうはい》に、「我が（用明天皇の）大御病、太平らかなむと欲ますが故に寺を造り、薬師像を作り仕へ奉らむとする詔《の》りたまいき」と刻まれていることから、天皇自身の病気が関係しているとの指摘がなされている。

しかし天皇は自らの地位を省みて、国家の宗教として仏教を受け入れるかどうかについては、『日本書紀』に、「朕《ちん》、三宝に帰らむと思う、卿等之《けいらこれ》を議《はか》れ」とあるように、群臣の判断に任している。これに対して物部守屋や中臣勝海は、仏教の国家的受容を拒否する意思を述べ、結局、蘇我馬子らを抑えて、天皇にそれを容れさせることに成功した。

こうして仏教は、天皇の私的な立場において受け容れられるとどまり、天皇の公的な立場からの受容には至らなかったようである。

④崇峻天皇

用明天皇の死の直後、五八七年七月、蘇我馬子は厩戸《うまやど》皇子らとともに物部守屋を滅ぼし、ここに蘇我氏の勢力は決定的になり、仏法興隆の道が開かれた。翌年馬子は、自らの本拠地である飛鳥《あすか》に法興寺の造営を開始した。

崇峻天皇の仏教に対する態度についてはよくわかっていないが、特に反対したという証拠がないので中立的であったとする説と、前述したように、法興寺の建立《こんりゅう》は馬子の手によるものの、単なる私的な事実ではなく国家との深い関わりを有し、崇峻天皇もこれを認めていたと見て、天皇は仏教崇拝の立場をとっていたとする説とがある。

⑤推古天皇

『日本書紀』には、推古天皇は仏教を積極的に信受し、仏教受容のためにさまざまな施策を展開したと記されている。

しかし、これらの一連の施策は、後に論じるように、聖徳太子と大臣《おおおみ》蘇我馬子の主導によってなされていたという。もっとも推古天皇は、これまでの天皇のように傍観的な立場にいたと言うことはできず、国家と仏教との関わりをもはや無視できぬ時代になっていたとみるべきであろう。加えて、推古天皇は蘇我稲目の娘である堅塩媛《きたしひめ》を母としており、生まれながらに仏教との関わりが深いばかりでなく、その下で政《まつりごと》を摂《せっ》した聖徳太子も母方が稲目の血を受け、妃《きさき》は馬子の娘であるなど、推古天皇は周囲を仏教を信受した蘇我氏によって固められていたのである。

⑥舒明《じょめい》天皇・皇極天皇

舒明天皇十一年（六三九）に百済川《くだらがわ》の辺《ほとり》に百済大寺（後の大安寺）の造営がはじまった。これは天皇建立のわが国初の宮寺と言われている。ただし、ここに言う宮寺とは、初めて天皇が建立を命じたという意味で、寺の性格はあくまで天皇個人の私寺であって、国家的役割を付与されたものではないとし、その意味で仏教はいまだ私的な宮廷仏教であり、「国家仏教」の段階には至っていないという説がある。この立場から言うと、「国家仏教」の成立は国家政治との直接的な関係を持つことが必要で、具体的には律令《りつりょう》体制の確立による仏教支配を待たねばならず、次の皇極朝も宮廷仏教の継承の時代と評されることになろう。

他方で、百済寺建立は蘇我氏の法興寺に対抗するものであり、しかも天皇による建立であるから他の私寺とは性格が根本的に異なり、いわゆる「氏族仏教」を乗り越える第一歩が踏みしめられたと考えるべきであるとする説がある。

⑦孝徳天皇・斉明天皇・天智天皇

六四五年、中大兄皇子、中臣鎌足らによって蘇我入鹿が暗殺され、孝徳《こうとく》天皇が即位すると、仏教興隆の主導権は改新政府によって完全に握られることとなり、公的な仏事法会や学問僧の唐への派遣などに見られるように、仏教の国家的受容の道がいよいよ拓かれることとなった。

斉明《さいめい》天皇六年（六六〇）には、仁王般若会《にんのうはんにゃえ》が宮中で奉修されている。これは経論に基づくわが国最初の鎮護国家の法会《ほうえ》であった。ところで、当時、中国を平定した唐はさらに勢力を増し、新羅《しらぎ》に協力して百済を滅ぼし、わが国に迫ってきたのである。このような背景からわかるように、わが国最初の護国法会は、外圧から国を守ろうとする対外的動機によってなされたのである。次に即位した天智《てんち》天皇の二年（六六三）には白村江《はくすきのえ》においてわが国水軍は大敗を喫《きっ》しており、対外関係は極めて緊張していたので、鎮護国家のため仏教は大きな期待を集めていった。

天智天皇自身も、いわゆる宮廷仏教の雰囲気の中に生まれ育ち、仏教帰依《きえ》が深かったと言われている。しかし一方で、天智天皇は儒教思想を基礎としながらわが国の固有神を重んじていて、仏教についてはその下に位置づけるにとどまったとする説がある。

⑧天武天皇

天武《てんむ》天皇は、天皇家の私的な面から仏教を信受すると同時に、国家の君主としての公的な立場においても仏教興隆を進めたと言われる。こうして仏教は疑うべくもなくいわゆる「国家仏教」の段階に入る。後に述べるように、仏教の律令国家支配における重要な位置づけがなされ、また鎮護国家のための法会を執行することから手厚く保護されることになる。

しかし、仏教はあくまでも律令国家に奉仕することを第一の使命として定められたので、一方では強い国家的統制下に置かれ、自律的な活動は大きく阻害されていくことになる。もっとも、このころになると、貴族の個人的な信仰としての仏教が深く定着しはじめると同時に、民間の仏教信仰が盛んになっていたことも無視しえないので、制度と信仰の両面から当時の仏教の様相をみなければならないであろう。

(4)「国家仏教」の完成

前節までは、欽明朝から推古朝に至るまでの蘇我氏と仏教との関係を調べ、少なくとも蘇我馬子によって受容された段階の仏教は、一氏族によって私的に受容されたものではなく、すでに国家権力との関わりを持つようになっていたと見るべきであること、およびわが国の仏教受容に多大な影響を及ぼした歴代天皇の仏教観について概観した。ここまで論じてきたことを基礎として、やや重複する点もあるが、最後に「国家仏教」が完成するまでの過程について考えてみたい。はじめに、朝廷の為政者としての立場によってなされた蘇我馬子と聖徳太子の仏教政策、舒明天皇による造寺、皇極《こうぎょく》・孝徳天皇の大化改新、さらには天武朝における律令制国家の成立について概観することによって、「国家仏教」が確立するまでの過程を考察する。

推古元年（五九三）に、聖徳太子は皇太子となり、蘇我馬子と共に政《まつりごと》を摂《せっ》することとなる。推古二年には三宝興隆詔《さんぽうこうりゅうのみことのり》が発布され、同十一年（六〇三）には冠位十二階が、そして同十二年（六〇四）には十七条憲法が制定された。同十五年（六〇七）には小野妹子《おののいもこ》らが隋《ずい》に派遣されている。また、同十六〜二十二年には『三経義疏』が太子によって撰述されている。同三十二年（六二四）には、僧正・僧都の任命により、僧尼の公的統制機関が設置されるに至る。

ただし、先にも述べたように僧官は蘇我氏が建立した法興寺に置かれたらしいことや、三宝興隆詔も大臣であった馬子の主導によるものとの説があり、これらによれば実際には馬子によるところ大であったと考えるべきであろう。ともあれこのように推古朝の時には、表向き朝廷によって仏教の興隆がなされる一方で厳格な統制が進められていったのであり、この時代は「国家仏教」の確立過程における重要なエポックであったと言うことができる。

舒明十一年（六三九）には、百済大寺の建立が開始されるが、これは天皇の命による初めての造寺である。この百済大寺は天皇建立という意味において日本最初の官寺ではあるが、舒明天皇個人の私的な仏教受容に基づくもので、国家の寺としての公的な性格を有してはいないという説があることは前述したとおりである。この点はいわゆる国立寺院について考える上で重要な問題を提起をするものと思われるが、ここではこれについて論じる余裕はない。

さて、この後、中大兄皇子、中臣鎌足らによる蘇我入鹿の暗殺により大化改新が始まるが、大化元年（六四五）八月には仏教界の秩序を回復するために十師が任ぜられ、同年にはまた仏法興隆詔が発布され、仏教の掌握が蘇我氏から天皇に移ったことが宣言されている。さらにこの年、改新政府は、諸寺の財政を援助するとともに、寺司、寺主に僧尼・奴婢・寺田などを録上させ、同四年（六四七）には三韓に学問僧を派遣している。このころより、天皇や各貴族によって盛んに寺院の建立、そしてさまざまな仏事が執り行われるようになっていき、いよいよ「国家仏教」の確立をみる天武朝を迎えるが、紙幅《しふく》に限りがあるので、この時代については、以下のように重要な出来事を年代順に列記するにとどめる。

天武元年（六七二）写経生を集めて初めて一切経を川原寺で写す。
四年　四方に大祓《おおはらい》す。使を諸国に派遣して「金光明《こんこうみょう》経」「仁王《にんのう》経」を説かせる。
五年　飛鳥寺《あすかでら》に斎《いつき》を設けて一切経を読む。百済大寺を大官大寺と改称。
七年　貧窮の僧尼に絁《あしぎぬ》綿布《わたぬの》を施す。諸寺の食封を検ずる。諸寺の名を定む。
僧尼の威儀《いぎ》・法服の色などを制す。舎屋を建てて老病の僧尼を収容す。
八年　大寺以外の諸寺は官の治めぬところとし、諸寺の食封所有を賜封《しふう》後三十年間に限る。京内二四寺に絁綿布を施す。皇后不予により、天皇薬師寺創建を発願《ほつがん》し百僧を度す。
十一年　僧正《そうじょう》、僧都《そうず》、律師《りっし》を任じ、法の如く僧尼を統領せしむ。
十二年　律師の新設。
十三年　諸国の家ごとに仏舎を造り、仏像教典を安置礼拝せしむ。天皇飛鳥寺に幸《みゆき》す。
天皇不予、大宮大寺、川原寺、飛鳥寺に読経。
十四年　大宮大寺に封七百戸、出挙稲《すいことう》三百万束《ぞく》を納む。

大化改新から天武朝にかけて発達した律令制下の「国家仏教」における僧尼統制の法制的整備については、いわゆる「僧尼令《そうにりょう》」の制定によって完成すると言われているが、「僧尼令」は「養老《ようろう》令」に先行する「大宝令」にすでに存在したと言われる。

次には、律令の制定から聖武朝に至る国家の仏教政策について年代順に見てみよう。

大宝元年（七〇一）「大宝律令」完成。
　二年　諸国に国師を設置。
和銅三年（七一〇）平城京に遷都《せんと》。
霊亀二年（七一六）寺院併合令を発す。
養老一年（七一七）百姓の私度を禁ず。
　二年　「養老律令」完成。
　四年　初めて僧尼に公験《くげん》を授く。
天平六年（七三四）得度の制を改め、法華経あるいは最勝王経《さいしょうおう》を暗誦し、浄行三年以上を定む。
　十三年　国分二寺建立詔。
十五年　詔して盧舎那《るしゃな》仏像の建立を発願。↓天平勝宝四年（七五二）東大寺大仏開眼《かいげん》。

こうして、次々と天皇政府によって仏教支配のための政策が展開されていき、「国家仏教」は完成の域に達した。

以上のことから、「国家仏教」の完成は律令制国家自体の完成を待たねばならなかったと言うことができようが、そこに至るまでには右の年表からもわかるように、いくつかの重要な過程を経ている。そのポイントとなる事実を挙げるならば、

①天皇発願寺の建立
②寺院への財政的援助
③寺院、僧尼の統制
④仏教支配のための法典の整備
⑤鎮護国家寺院の建立と法会の奉修

といったことが考えられる。本章においては、「国家仏教」が完成するまでの過程にみられる重要な歴史的事実を年代順に列記するにとどまったが、今後は例えば右のポイントを指標として、「国家仏教」の定義そのものを問い直しながら、その完成に至る道筋を解明する作業が必要である。

特論2　聖徳太子

　聖徳太子（五七四〜六二二年）は飛鳥時代の政治家、仏教者である。聖徳太子とは後代に付けられた尊称であり、厩戸《うまやど》皇子が実名と考えられ、豊聡耳《とよとみみ》皇子・上宮《うえのみや》王などの多くの異称を持つ。用明《ようめい》天皇の第二皇子で、母は蘇我《そが》氏を出自とする穴穂部間人《あなほべのはしひと》皇后。叔母にあたる推古《すいこ》天皇の皇太子として、五九三年に摂政となり、蘇我馬子《うまこ》とともに政治に携わった。

　政治に関する業績としては、外交面では、遣隋使《けんずいし》を派遣して（第一回、六〇〇年）、中国との国交を回復し、文化を移入した。六〇七年の第二回遣隋使には小野妹子《おののいもこ》を派遣したが、その時、隋への国書で、「日出《い》ずる処の天子、書を日没する処の天子に致す、恙《つつが》なきや、云々《うんぬん》」という表現を使ったため、隋の皇帝煬帝《ようだい》は礼に反するとして悦ばなかったという。内政面では、六〇三年に冠位十二階を制定して人材登用をはかり、六〇四年には憲法十七条を制定した。その第二条には「篤《あつ》く三宝を敬へ」、第十条には「共に是れ凡夫のみ」と規定されており、仏教を基本精神とした政治を行おうとしたことを示している。また、現存しないが、『天皇記』『国記』という史書を編纂《へんさん》した。これらの業績は、天皇を中心とする中央集権国家の基礎となった。

　仏教に関する業績としては、四天王寺や法隆寺を造営し、『法華経』『勝鬘《しょうまん》経』『維摩《ゆいま》経』の注釈書である『三経義疏《ぎしょ》』を作ったと伝えられている。これらの業績が、実際に聖徳太子自身の手によるものであるか否かは、今後の研究に委《ゆだ》ねられている。妃《きさき》の橘大郎女《たちばなのおおいらつめ》に告げた、「世間は虚仮《こけ》なり、唯仏のみ是れ真なり」という太子の言葉が残されていて、ここから仏教への深い理解にたどり着いた境地が窺《うかが》われるが、この言葉の真偽についても議論がある。

伝記としては、『日本書紀』の記事や『上宮聖徳法王帝説』『聖徳太子伝暦』『聖徳太子伝私記』等がある。これらの伝記では、聖者としての生涯が書き記されており、死後の早い時期から太子は伝説化されていたことが推測される。庶民の間には太子信仰としてその名が広まった。

以上の聖徳太子の伝記はその多くが『日本書紀』の記述によっているが、『日本書紀』の内容が正しく歴史的事実を伝えているかどうかは現在議論の最中にあるので、注意が必要である。

鎌倉時代の日蓮は、青年期の修学時代に太子ゆかりの四天王寺に足を運んでいるが（『御書』一四〇七頁）、太子は天台大師の師匠である南岳《なんがく》大師慧思《えし》の後身であり、救世《ぐぜ》観音の化身であるという当時の信仰を述べている（『御書』六〇八頁）。また太子は、中国に小野妹子を遣わし『法華経』をとりよせ（『御書』三〇二頁）、『勝鬘経』『維摩経』とともに鎮護《ちんご》国家の法と定め、仏教をわが国に弘めたと述べている（『御書』一二六三頁）。ただし法華経の実義は、伝教大師最澄《さいちょう》によってはじめてわが国に弘通されたとして（同頁）、太子は、釈迦・天台・伝教・日蓮と連なる、「三国四師」（『御書』五〇九頁）という法華経流布の系譜には数えられていない。しかし、太子が『法華経』の教えを実践したことから、賢人・聖人の一人であるとしている（『御書』一五九六頁）。

第五章――最澄の真俗一貫思想

はじめに

最澄《さいちょう》は「国家仏教」として形骸化《けいがいか》・権威化した奈良仏教を批判した宗教改革者であり、日本天台宗の教団創立者である。彼の思想の重要な基盤としては、真俗一貫《しんぞくいっかん》思想を挙げなければならない。真俗一貫思想とは、僧俗の平等を説いたもので、その淵源《えんげん》は法華一乗思想にある。最澄はこの思想に立って、僧俗のわけへだてなく受戒《じゅかい》可能な法華円頓戒壇《えんどんかいだん》の建立《こんりゅう》を目指した。しかし、「国家仏教」下という時代的制約もあり、実際には理念としての僧俗平等を唱え、出家菩薩僧を育てるにとどまり、一般庶民の受戒・救済は実現できなかった。

この最澄の真俗一貫思想を発展させたのが日蓮である。日蓮は、一切衆生が実践可能な末法の妙戒を御本尊受持として示した。その根底には、天下万民諸乗一仏乗という絶対的平等思想があり、その具体的実践として日蓮は民衆救済の生涯を送ったのであるが、ここに真俗一貫思想は事実の上で完成されたのである。

(1) 最澄とその時代

① 南都仏教の様相

最澄（七六七〈一説には七六六〉～八二二年）が僧となって比叡山《ひえいざん》に入山したのは、平安京遷都《せんと》を間近にした奈良時代も末のことであり、世はまさに歴史的な変革期にさしかからんとしていた。当時、仏教は、都の所在地である奈良を中心に栄えていたが、律令国家の支配下にあったいわゆる南都六宗は、ようやく形骸化と腐敗の様相を呈《てい》しだしていた。こうした時代背景は、最澄の宗教者としての生涯に決定的な影響を及ぼすことになるので、はじめに南都仏教の成り立ちについて概観してみたい。

そもそも仏教は、前章で論じたように、六世紀に公伝され、蘇我《そが》氏によってまず受容されたが、聖徳太子（五七四～六二二年）の執政に際して、国家支配のための理念として尊重されることになった。それ以降、寺院建設が活発になされるようになり、経典や僧の請来《しょうらい》のために中国へ留学生が派遣されたりもして、仏教はわが国に定着していった。

だが、それはあくまでも国家の支配下にあり、例えば僧になるためには太政官《だいじょうかん》の通達する度《ど》牒《ちょう》（出家のとき官庁から公布される証明書。受戒後には戒牒《かいちょう》を授けられた）を拝受しなければならなかったし、しかも僧侶たちは国が任命した僧綱《そうごう》（僧尼や寺院の統制にあたる僧官）の配下におかれていた。

そして僧侶の信仰生活は、僧尼令《そうにりょう》（律令国家の僧尼統制のための法令）によって規定されることになったのである。こうした国家による僧侶支配の体制は、天武《てんむ》朝期（六七二〜六八六年）にほぼ確立したと言われている。

寺院については、はじめは蘇我氏の飛鳥寺《あすかでら》や聖徳太子の法隆寺《ほうりゅうじ》、藤原氏の興福寺《こうふくじ》のように、多くは特定貴族の私寺であったが、律令国家の建設に即して、聖武《しょうむ》天皇の発願による東大寺の完成や国分寺・国分尼寺の設置がなされ、国家鎮護《ちんご》を使命とする寺院が中心を占めるようになっていった。

こうして、仏教は事実上国教として遇《ぐう》されるようになり、僧侶は身分的・経済的安定を獲得したが、反面、宗教的・社会的自律を放棄せざるを得なくなって形骸化していき、ついには政治や俗事に介入する僧を生み、いわゆる道鏡《どうきょう》事件が起きるに至った。いまこの間の事情を略説するなら、次のようになろう。

仏教は、無病息災《そくさい》や菩提《ぼだい》の祈願という役割を果たし、貴族の篤《あつ》い信仰を集めたことから、僧侶たちは特別の保護を受けるようになったが、やがてこれが特権化し、彼らは権勢を増していくようになった。しかも僧侶は租税賦役《そぜいぶやく》を免ぜられ、寺塔や僧尼供養は国の税によってなされていたのである。

すなわち仏教は、ダイナミックな社会変革や人間の内面世界の開拓ではなく、現世的利益の充足のためにあり、僧侶自らもそうした要求に応える道を選択していったのである。そしてその見返りに国家の保護を受けることになった。

こうした状況下にあって、孝謙《こうけん》天皇の個人的信任を受けたのが道鏡（?～七七二年）である。道鏡は天皇の座をも手中に入れようとしたと言われるが、この道鏡が和気清麻呂《わけのきよまろ》の阻止によって朝廷を追われたのは、最澄出生三年後（七七〇年）のことであった。

この道鏡事件などを契機に、当初、国家支配や現世利益を求めて積極的に仏教を利用してきた天皇の手によって、皮肉にも仏教勢力は粛清《しゅくせい》されていくのである。

最澄は、のちに『顕戒論《けんかいろん》』巻下において、この南都仏教を『法滅尽経《ほうめつじんきょう》』を引用して批判すると同時に、仏教の時機観に立ってこうした現象の本質を解明していくことになる。

さて、最澄は、こうした南都仏教を超え、仏教本来のあり方を模索していくが、最澄自身も国家制度に則《のっと》って出家し、東大寺において受戒することによって正式な僧侶にならざるを得なかった。当時はいわゆる三戒壇（聖武天皇の命によって築かれた、奈良の東大寺、下野《しもつけ》の薬師寺《やくしじ》、筑紫《つくし》の観世音《かんぜおん》寺《じ》）でしか受戒することができなかったので、最澄もこれに従ったのである。この戒壇の問題は、後に詳しく述べるように最澄の終生の課題となり、まさに死を賭《と》しての事業となる。

もっとも、最澄の行動は、南都仏教の側からみれば自らの既得権益の侵害以外の何ものでもなかったので、限りを尽くしての妨害工作を展開していくのである。その際、例えば受戒では、国家によって公認された鑑真《がんじん》などの高僧が伝えるのが戒であり、最澄のような下級の輩《やから》が授けるものを戒などとはいえないとしたように、常に国家権力をバックに自らの宗教的権威を強調するという手段に訴えたのである。

②最澄略伝

最澄は神護景雲《じんごけいうん》元年（七六七）、近江《おうみ》（現在の滋賀県）古市郷《ふるいちごう》に生まれた。幼名を広野《ひろの》という。父の三津首百枝《みつのおびとももえ》は中国からの帰化人の末裔《まつえい》で、琵琶湖畔に居を構える豪族であった。広野出生当時は、経済的にはけっして恵まれてはいなかったようであるが、自宅を寺にするほどで、仏教信仰に篤い人物であった。

広野は、十二歳で近江の国分寺である大安寺《だいあんじ》に預けられ、中国より渡来した道璿《どうせん》（七〇二～六〇年、華厳・天台の教学に通じ、七三六年の来朝後、大安寺の西唐院《さいとういん》に住し『梵網経《ぼんもうきょう》』や『行事鈔《ぎょうじしょう》』等を講じた）の弟子でのちに近江の国師となる行表《ぎょうひょう》（七二二～九七年）に師事し、十五歳の時に得度《とくど》して、最澄と名のった。延暦《えんりゃく》四年（七八五）四月六日、十九歳にして奈良東大寺で具足戒《ぐそくかい》を受け、正式に僧侶の資格を得たが、わずか三カ月後の七月十七日には比叡山に入ってしまう。数え十九歳で入山した最澄は、厳しい自然環境のなかで仏道修行と学問に打ち込み、三十二歳にして初めて『法華経』および天台思想の講義（いわゆる法華十講）を開始するのである。

ところで、最澄が比叡山に入った直後に執筆した「願文《がんもん》」では、仏教の眼から時代を見据えつつ、自己を内省し、さらには真摯《しんし》な求道の誓いが述べられており（『伝教大師全集』第一、一～三頁。以下『伝全』と略する）、弱冠十九歳の最澄は、深い無常観と堅い決意とをもって入山したことが窺《うかが》われる。すなわち、当時の最澄は自己の栄達などではなく、移ろい行く世の現実と仏法の衰退を直視し、僧侶という形だけの自己を見つめていたのである。

のちにたまたまこの「願文」が内供奉《ないぐぶ》（禁中に宿直《とのい》する十禅師）寿興《じゅこう》の眼にとまったことから、最澄は内供奉の一員に任ぜられている。さらに、仏教興隆を推進していた桓武《かんむ》帝（在位七八一～八〇六年）の信任を得、その命を受けて三十六歳のとき、高雄山寺《たかおさんじ》で天台三大部の講筵《こうえん》を設け、三十七歳にして入唐還学生《にっとうげんがくしょう》に任じられて中国に渡った。

中国には八カ月ほどしか滞在していないが、その間、湛然《たんねん》門下の道邃《どうずい》・行満《ぎょうまん》に師事し、さらに翛然《しゅくねん》から牛頭《ごず》の禅要を、道邃から大乗菩薩戒を、惟象《いしょう》・順暁《じゅんぎょう》から密教を伝授された。こうして円・密・禅・戒の四種相承《そうじょう》を伝えられたのである。

帰国した翌延暦二十五年（八〇六）、天台宗の年分度者《ねんぶんどしゃ》（律令国家が設けた得度に関する制度で、毎年公認される一定数の得度者）二名が勅許《ちょっきょ》され、ここに日本天台宗の開創が実現した。しかしこの年、桓武帝が薨《こう》じ、多難な時代が始まる。

四十六歳の時、それまで良好な関係にあった空海《くうかい》との間が悪化し、愛弟子・泰範《たいはん》が空海のもとに走るなど、人事に不調がたび重なった。

しかし最澄は、こうした状況にも屈することなく、『法華経』の実践に励み、弘仁《こうにん》七年（八一六）には関東布教を展開し、さらに法相宗《ほっそう》の徳一《とくいつ》（生没年不詳、『仏性抄《ぶっしょうしょう》』を著して最澄を批判）といわゆる三一権実《ごんじつ》論争を行い、『照権実鏡《しょうごんじつきょう》』『守護国界章《しゅごこっかいしょう》』『法華秀句《ほっけしゅうく》』などを著して、自らの教学を研ぎ澄ませていった。

そして弘仁九年と十年には、大乗菩薩僧の養成と大乗戒壇の設立を目指し、『山家学生式《さんげがくしょうしき》』を草《そう》して嵯峨《さが》天皇に奉《たてまつ》ったが、僧綱や南部の諸大徳の反対にあい、弘仁十一年、畢生《ひっせい》の書『顕戒《けんかい》論《ろん》』を著すに至った。

生前には大乗戒壇の建立は実現せず、最澄は同十三年六月四日に、比叡山上の中道院で静かに息を引き取ったが、没後七日にして、戒壇設立の勅許があったのである。

(2) 真俗一貫思想

最澄は、先にみた形骸化しつつあった南都仏教を批判して、新しい平安仏教の扉を開くことになるが、はじめに最澄の業績について一般になされている評価をまとめておく。

1、王権・俗権から独立した教団組織と大乗戒壇を建設した。

2、論ではなく経を依処《えしょ》として、信仰・信念にもとづく一宗を確立した。

3、法華一乗に統一的真理を見いだし、総合的かつ究極最高の仏教体系を打ち立てた。

本章では、こうした変革を成し遂げた最澄の思想的基盤に光を当てながら、大乗戒壇建立の背景を探り、最澄が依経とした『法華経』の思想が、具体的にどう展開されたのか考察してみたい。

①戒について

戒とは、本来は原始仏教教団の修行者に課せられた禁止事項であり、やがて戒学として、定学《じょうがく》・慧学《えがく》とともに仏道修行者が必ず学ぶ最も基本的な修行部門として確立されていった。律令体制の奈良時代においては、僧の資格を国家的に認めるための条件として受戒が定められていた。ここに言う戒とは、すなわち鑑真和尚《わじょう》によって伝えられた小乗二百五十戒（女子は三百四十八戒）のことである。小乗戒は先に述べた南都東大寺を中心とする三戒壇において、三師七証の十人の高僧から得度者に授けられた。

ところが、この授戒はやがて形骸化していったばかりか、授戒を通して国家や授戒僧の権威が高まる一方で、仏教本来の戒の精神は失われてしまったのである。

鑑真は瑜伽《ゆが》戒（小乗の四分戒と大乗の梵網《ぼんもう》戒とを調和せんとの要求から出た戒）を授けることもあったが、

最澄は瑜伽戒を貶《へん》して声聞《しょうもん》戒と呼び、南都の戒を総じて小乗戒と規定した。最澄は「願文」において、声聞戒を否定して、菩薩の三聚浄戒《さんじゅじょうかい》だけを選びとろうとしたように、すでに梵網戒に進んでいたが、入唐《にっとう》して天台の円戒に接するやこれに満足できず、法華円頓《えんどん》戒に至った。

最澄は、儀式としての受戒にこだわる必要なしとして、戒の内面化をはかり、自戒をも認めようとしているが、それでは当時においては通用しなかったし、何といっても先に述べたように、受戒は国家的制度であり、これを無視したなら正式な僧侶になれなかったので、受戒そのものを否定することはなかった。

また最澄が戒の問題を重んじ、これに全力を注いだのは、たとえ天台宗として年分度者二名を出せても、彼らは東大寺で受戒しなければならないことから、なかにはせっかく叡山《えいざん》で修行しても最終的には南都に下ったまま帰ってこない弟子が現れたからである。つまり大乗戒壇を建立し、自ら授戒することができなければ、一宗の完全な独立は不可能だったのである。

以下、大乗戒の具体的内容や戒壇の設立過程については要点を指摘するにとどめ、大乗戒の思想的基盤を中心に述べてみたい。その思想的基盤とは、本章の主題として掲げた、真俗一貫思想である。

②真俗一貫思想について

弘仁十年三月十五日付の「天台法華宗年分度者回小向大式《えしょうこうだい》」（「四条式」）に、いま最澄の主張する大乗戒（＝法華円頓戒）は、「其戒広大・真俗一貫」（「その戒、広大にして、真俗一貫す」『伝全』第一、一九頁）であると記されている。

これは、「即《すなわ》ち円頓戒の戒体は小乗戒の戒体と違って一種であり、従って出家にも在家にも共通する同一のものである」（斎藤円真「伝教大師最澄の真俗一貫思想を遶って」『天台教学の研究』三六五頁）ということを意味するが、こうした戒のとらえ方は、「世出世《せしゅっせ》一貫の思想信条によりて、出家と在家との隔てを除き、世間と出世間との区別を超越し、また男女貴賤《きせん》の間にも、決して差別を認めぬという」（硲慈弘『日本仏教の開展とその基調』上、三三一頁）思想信条を根底にしていると言われている。

こうした最澄の思想は、戒のみではなく、例えば天台法華宗の相承系譜中に、双林寺《そうりんじ》を造営した傅大士《ふだいし》（在家の修行者）を列していることなどにもよく表れていると指摘されている（「内証仏法相承血脈譜」『伝全』第一、二二四頁。斎藤・前掲論文参照）。

この最澄の真俗一貫思想は、後に述べるように『法華経』に淵源しているのであるが、何故《なにゆえ》に最澄は、こうした思想を自らの信条とするに至ったのであろうか。これを知る大きな手掛かりとして、先にも若干《じゃっかん》触れた、最澄が比叡山入山後に認《したた》めた「願文」を挙げることができる。

「願文」は、五濁《ごじょく》の時代と国土についての鋭い洞察《どうさつ》と、そこに生まれあわせた愚狂《ぐおう》の自己の内省にはじまり、しかるうえで解脱《げだつ》にむけての願がなされ、さらには国土・衆生の変革と救済の決意が宣言されていく。

すなわちここには、自らのおかれた状況と自己自身を見つめ、そこから「時」と衆生の「機根」の洞察へと普遍され、さらには大乗仏教の理念を簡《えら》びとって、それを実践に移さんとの決意に昇《しょう》華《か》されていく様子が表れている。

そして、この「願文」を草した下地として、最澄が入山以前すでに師・行表より、「可帰心一乗」（「心を一乗に帰すべし」、『伝全』第一、二一四頁）との示唆《しさ》を受け、また『天台小止観《しょうしかん》』を修行中に学んでいたことも忘れてはならない（木内尭央「伝教大師仏教の基調―下品の自覚と大乗円教―」『天台教学の研究』）。

つまり、比叡山に入山したころには、それ以前の修学と思索によって、おのずと法華一乗への志向性が芽ばえていたのである。

このように最澄が他の諸僧と同じく南都仏教の支配下にあって僧となったにもかかわらず、権威におもねず、こうした道を歩んだのは、わが身を「愚中極愚・狂中極狂・塵禿有情《じんとくうじょう》・底下最澄《ていげ》」（「愚が中の極愚、狂が中の極狂、塵禿の有情、底下の最澄」、『伝全』第一、二頁）と考え、小乗経ではけっして成仏できない下品《げぼん》の衆生であることを真摯《しんし》に自認していたことにあった（木内・前掲論文参照）。

そして、その後の一二年間に及ぶ叡山における仏道修行と入唐修学を経て、『法華経』こそ時宜《じぎ》にかなった経であり、これによって自らのような下品の衆生も救済されるという確信をつかむに至ったのである。

さて、中国より帰国した最澄は、法華思想の宣布を積極的に行うが、当時の「国家仏教」下にあっては、一宗の確立には国家の公認を得る必要があったので、彼は単なる宗教家ではなく新教団の創立者としての事業に挑《いど》まねばならなかった。こうした背景から、最澄は『山家学生式』や『顕戒論』を撰述《せんじゅつ》していくことになるのである。

では次に、こうした著述に表れた最澄の真俗一貫思想の具体的な内容とその展開について触れ、しかるのちに、それがどう戒壇に表現されていったのかについて述べてみよう。

まず真俗一貫の真俗という言の意味については、武覚超《たけかくちょう》氏が次のように述べている。

「『学生式』にみられる「真俗一貫」の真諦《しんたい》と俗諦《ぞくたい》は、出家菩薩と在家菩薩とをいったもので、最澄独特の考え方であったと思われるが、その根拠は、明曠《みょうこう》撰『天台菩薩戒疏《しょ》』の「若其出家則内二衆自分先後。故云王子出家与庶人同類。若其在家於外二衆而為次第。王家男女在家亦然。不分即真而俗」（大正蔵四〇、五九七下）の文にあると思われる」（『伝教大師研究』、別巻三〇三頁註一五）

そして最澄は、この真と俗とが一貫であるとしているのであるが、ここで最澄が示さんとしているることを敷衍《ふえん》するならば、真俗一貫思想とは、出家・在家、男・女、貴・賤などの一切の人間差別を超え、世間・出世間の区別をも否定した思想であると言ってよく、それは『法華経』の一乗思想の当然の帰結なのである。

先に述べたように、最澄は、「正像稍過已・末法太有近」（「正像稍《や》過ぎ已《おわ》りて末法太《はなは》だ近《ちかき》に有り」、「守護国界章」巻上之下『伝全』第二、三四九頁）、そして「我日本天下・円機已熟・円教遂興」（「我が日本の天下は、円機已《すで》に熟して、円教遂《つい》に興《おこ》る」、「依憑《えひょう》天台集序」『伝全』第三、三四三頁）という時機観に立って、法華一乗を簡《えら》び取《と》ったのであるが、『法華経』は「皆已成仏道」（「皆《み》な已に仏道を成じたり」、方便品第二『開結』一三五頁）を説き、一切衆生の成仏を根底として、人間平等観を明かしているのである。

最澄は、この法華一乗思想の具体的な実践について説いていくが、それは真俗一貫の立場から、出家・在家の両菩薩が担《にな》うべきことを主張している。

すなわち最澄は、まず『法華経』の序品を通して、出家の菩薩と在家の菩薩とを「一類衆」（「一類の衆」、「四条式」『伝全』第一、一九頁）と呼び、小乗の比丘と区別して大乗菩薩ととらえたうえで、菩薩とは「悪事向己・好事与他・忘己利他」（「悪事を己に向へ、好事を他に与へ、己を忘れて他を利する」、「六条式」『伝全』第一、一二頁）者であるとしている。

このように最澄は、小乗教徒のようにおのれのみの悟りを求めるのではなく、『法華経』の精神にのっとり、利他行の実践を勧奨《かんしょう》していったのである。こうした実践があってこそ、初めて真俗一貫思想の現実の場における徹底がなされるのである。

こうした姿勢は先の「願文」にすでに表れており、その末文には、解脱の味わいを独り飲まず、安楽の果を独り証せず、六道の衆生のなかに入って化他《けた》し、仏国土を建設せんとの決意が述べられている。

このように最澄の真俗一貫思想とは単なる観念的な平等思想ではなく、『法華経』の説く一切衆生成仏を前提として、菩薩道の具体的実践へと展開されていくのである。

次に、真俗一貫思想が戒のうえにどのように反映していったのかについてみてみよう。最澄は、南都の小乗戒に対して『法華経』の円頓戒を主張していくが、彼は受戒を『法華経』実践として位置づけている。

円頓戒とは、最澄によって創唱されたものであり、戒律史上、他国に例をみない日本独特の発展を遂げたものである（常盤大定「円頓戒論」『日本仏教の研究』三九二頁）。それは『法華経』の精神に立った、『梵網教』にもとづく十重四十八軽戒《きょうかい》であり、最澄はこれのみによって大乗菩薩の戒法は具足されるとし、もはや南都の二百五十戒は必要なしと結論した。

この円頓戒は、真俗一貫の大法に支えられた徹底した平等思想にのっとり、出家・在家を問わずだれもが実践可能な戒である。『顕戒論』巻中には、黄門《おうもん》・奴婢《ぬひ》といった最下級の身分の者も受戒できるとしているが（『伝全』第一、一一九頁）、これは従来の南都における出家中心主義の考えからは、想像もできないことであった。

つまりそれは、超世間的・形式主義の南都仏教の小乗戒に対して、世出世一貫の現実生活に即した成仏救済のための戒を意味しており、こうした戒の主張は、まさに仏教の一大革新を宣言したことに値するといえよう。

しかし、円頓戒の受戒はそれまでの律令体制下の受戒制度に衝突することになるので、単に南都仏教と対立するにとどまらず、国家の宗教法制の変革を迫ることになった。また、最澄が理想とした大乗菩薩の仏国土建設のための社会的実践は、僧尼令の規定に抵触《ていしょく》せざるを得なかった。

そこで最澄は、『山家学生式』や『顕戒論』の撰述にとどまらず、良岑安世《よしみねのやすよ》や藤原冬嗣《ふゆつぐ》といった貴族の援助を得ながら、旧仏教勢力や国家支配の反動に挑戦し、最後には死して大乗戒壇の建立を実現したのである。

③法華経と真俗一貫思想

言うまでもなく『法華経』は、小乗教と、そして二乗を弾呵《だんか》した諸大乗経との両立を止揚して、絶対的大乗たる一乗妙法を説き、一切衆生の成仏を明かしている。先にも方便品第二の「皆已成仏道」について述べたが、見宝塔品第十一には「平等大慧《だいえ》」（『開結』三七三頁）とあり、仏の智慧は一切衆生を平等に利益することが説かれているが、『法華文句《もんぐ》』巻八下には、これを衆生の立場から拝し、衆生の平等、すなわち一切衆生が同じく仏の智慧を得ることができると釈している（菅野博史訳註『法華文句Ⅳ』レグルス文庫、九七七頁）。

また、方便品第二には、「諸法実相」（『開結』一〇八頁）、「世間相常住」（同一三八頁）とあり、この現実社会における人々の生活のなかに究極の法の顕現があることが説かれている。

最澄はこうした『法華経』の思想をくみとり、一切衆生の成仏を確信し、さらには出世間のみではなく在俗者の生活をも積極的に肯定し、そこから真俗一貫思想を形成したのである。そして最澄は、この思想に基づいてあらゆる者に実践可能な円頓戒を創出しようとした。

以下、『法華経』と真俗一貫思想、そして円頓戒に関する研究者の諸説を列記してみよう。

＊

硲慈弘《はざまじこう》氏は、最澄のこうした戒のとらえ方は、「世間相常住と教え、真俗一如《いちにょ》の妙理を明《あか》せる法華の精神を、戒律そのもののうえに十分徹底せしめたによる」（『天台宗史概説』九六頁）とし、「それはやがて日常生活に処しながら、しかも直に仏教の正道を歩み、一般の人としての生活、また日本国民としての実際生活に即して菩薩の生活を全うし、これを如実に具現せしめんとするもので」（同前）あるとしている。

花山信勝《はなやましんしょう》氏は、「最澄は、一乗平等の立場から、一切衆生の平等得戒を主張し、悉有《しつう》仏性の理論と自性清浄の極義を、戒律実践の上においても実証せんとしたのである」（『伝教大師研究』一一五頁）と述べている。

道端良秀《みちはたりょうしゅう》氏は、最澄は『一乗戒建願記《こんがんき》』の中で、「大乗戒の戒壇は単なる形式的な建造物や、荘厳ではなくて、自身の内に戒壇があるのであり、受戒とは仏心を悟ることであるといっている」（『伝教大師研究』一四一六頁）とし、これは「まことに大乗仏教の真の在り方を示したものであるが、しかしこれだけでは人間は納得し得ないので、受戒の儀式を行い、戒壇を建立して、自誓でよいにもかかわらず、登壇受戒というようになっていったことは、当然のことと思われる」（同前）と言われている。

また、斎藤円真《さいとうえんしん》氏は、最澄は「比丘であろうと優婆塞《うばそく》であろうと天皇・貴族・奴婢といった在俗者であろうと、それらに別なく真俗が一致和合して『法華経』の実践たる円頓戒を受持する」（前掲論文）ことを説き、「そしてそれはもとはといえば、『法華経』の諸法実相を現実の生活の上に持ち込み、世俗の中に実相を見いだしていこうとした最澄の姿勢に淵源するのであり、それが時代を像末、機を法華一乗と捉《とら》えるという、世間相に対する鋭い洞察を可能ならしめることになったのであった」（同前）と論じている。

これらの諸氏の指摘にもあるように、最澄は『法華経』を依処として真俗一貫思想を唱え、それを円頓戒として具現していったのである。

ただし、最澄は、古代律令制度下の「国家仏教」の枠内で一宗を創唱しなければならなかったので、現実には大乗戒壇建立の勅許を受けるための行動と、出家菩薩僧の育成を主に行うことで、その生涯を終えたのであった。

最澄の掲げた真俗一貫思想を僧俗を超え事実のうえに展開するには、鎌倉新仏教の祖師たち、なかんずく日蓮の登場を俟《ま》たなければならなかったのである。

(3)最澄後の比叡山と日蓮

①最澄後の比叡山の様相

最澄死して七日後の弘仁十三年(八二二)六月十一日、大乗戒壇の勅許が下り、以後奈良に赴《おもむ》かず、叡山において独立して受戒し、正式な僧となることが可能となった。これは単に戒律上の問題にとどまらず、南都仏教におけるような国家の完全なる支配から脱して、教団としての自立をかちとったという重要な意義を有するものであり、ここに奈良時代の「国家仏教」を乗り越え、さらにはのちの鎌倉新仏教が成立していく一つの要因がある。

しかし、大乗戒壇建立後の日本天台教団の運営はけっして安定したものではなかった。南都仏教のような国家による全面的な援助を受けることができず、特に経済的側面が難航していった。そこで財政的な基盤をかためるため、パトロンを求めていかざるを得なくなり、貴族へ接近してその信仰を集め、教団の維持・発展を可能にしようとした。

当時、貴族たちは怨霊《おんりょう》や物怪《もののけ》に対して非常な恐怖を覚え、仏教にその退散を期待しており、またその背景に密教の隆盛があって、仏教は呪術的な側面がクローズアップされるようになっていた。最澄自身にあっても、本来二義的に学んできた密教が病身の桓武帝の心をとらえたことから、特別の待遇を得ることになったという事実があるが、最澄後、叡山仏教は急速に密教化を進め、その結果、貴族の信任を篤くしていった。

叡山第三祖の円仁《えんにん》（七九四〜八六四）の時代に至っては、台密《たいみつ》（日本天台宗で伝える密教）は東密《とうみつ》（東寺《とうじ》を本山とする真言密教の称）に対等となったと言われるほどである。円仁は「理同事勝《りどうじしょう》」（『法華経』と『大日経』を比較すると、理は同じであるが事においては『大日経』が勝《すぐ》れているとする台密の教説を日蓮が評した言。『御書』三〇七頁参照）を提示して、実践面において法華仏教は真言密教に劣るとしている。

こうして密教が盛んになると、叡山における修行はやがて儀式化され、易行化《いぎょうか》され、行の重要さが失われていった。

そもそも最澄は、真俗一貫思想により、僧俗をはじめ一切の人間差別を否定したが、叡山にあって人々を教化する僧の生活においては十二年間に及ぶ籠山《ろうざん》を中心とする厳しい修行と学問を課した。こうした持戒清浄の緊張感は徐々に弛緩《しかん》していき、円仁にあっては、座主《ざす》となるにもかかわらず十二年間の籠山を墨守《ぼくしゅ》することがなかったのである（石田瑞麿『日本仏教における戒律の研究』五五六頁）。

叡山における修行の儀式化・易行化について浅井圓道《あさいえんどう》氏は、「たとえば円戒を受けるときや、破戒を悔いて円戒の重受を請うときは、元来は至心《ししん》に懺悔《ざんげ》して過去の罪障を消滅しなければならない。その懺悔は決して形式的なものではなく、所定の実効が顕れるまでは中断してはならないから懺悔に三七日乃至数年を要することもあったのであるが、円仁の『顕揚大戒論《けんようだいかいろん》』やその弟子の安然《あんねん》（八四一〜九〇三？）の『普通授菩薩戒広釈』によると、守護国界主陀羅尼《だらに》経の陀羅尼品、心地観経の観心品、集法悦経などの経説により、一定の陀羅尼呪《じゅ》を誦するだけで懺悔罪滅の目的を達成することができると教えている。止観業学生《しかんごうがくしょう》が修する四種三昧《ししゅざんまい》の中の念仏三昧や法華三昧の修法も円仁によって簡略化された」（「日蓮の宗教の思想的基盤」『現代思想』一九八二年四月号五四〜五五頁）と述べている。

こうして実践面が軽視される一方で仏陀《ぶっだ》と一切衆生との一体不二を強調する真言密教の理論が高揚し、のちに現実の絶対肯定という本覚《ほんがく》思想が芽生えていったのである。

しかも円仁は真俗一貫思想までも否定し、出家・在家の差別を再び強調したのである（石田・前掲書三九四〜三九六頁）。それは、僧のあり方を厳正にするためという側面もあったであろうが、最澄の根本思想を見失うという結果に陥《おちい》ってしまう。さらに、のちには円仁の山門派と円珍《えんちん》の園城《おんじょう》寺《じ》派との対立を中心とする教団内部抗争が激しくなっていった。

また、座主になる者はさまざまな特権を得、なかでも所領寄進で富裕になっていたことから、皇族・貴族もこの地位を望むようになった。そして、ついにはインドや中国にもない門跡《もんぜき》の制度（皇子・貴族などが出家して、特定の寺格の寺院に入室する制度）が生まれるに至り、特権的寺院が教団運営を左右するようになるのである。

②日蓮の登場

『法華経』を根本とする最澄の真俗一貫思想はこうして失われていき、叡山は、庶民とは隔絶《かくぜつ》した門閥《もんばつ》争いの場となり下がってしまったのである。

鎌倉仏教の祖師たちは、みなはじめは叡山で学んだものの、こうした実態に耐えられず山をおりていった。門閥化した叡山では高位に就く望みが絶たれていたことも、その背景にはあったかもしれない。

しかし日蓮のみは、叡山を下ってはいくが、最澄尊崇《そんすう》の姿勢を貫き、最澄が目指した法華一乗の立場からの宗教改革を敢行していった。こうしたことから日蓮は天台沙門《しゃもん》を名のっていくが、正嘉《しょうか》の大地震・大風雨といった天変地夭《ちよう》を目《ま》の当たりにして、最澄の庶幾《こいねが》った末法における大《だい》白法《びゃっぽう》興隆の時を自覚し、さらにはうち続く法難を通して『法華経』の行者を確信し、本化地涌《ほんげじゆ》の菩薩たることを宣言していく。そして、『法華経』文底事行《もんていじぎょう》の立場から三大秘法建立を示したのである（戸頃重基「伝教大師最澄の日蓮教学における地位」『伝教大師研究』参照）。

では日蓮は、戒についてどう考えていたのであろうか。ここではまず、日蓮の法華円頓戒に関する記述を挙げ、次に日蓮仏法における戒の意義を本章のテーマの範囲内で概観し、最後に日蓮における真俗一貫思想について考察してみたい。

日蓮は『曾谷《そや》入道殿許《もと》御書』で、最澄の業績について次のように述べている。

「伝教大師は仏の滅後一千八百年像法の末に相当《あいあた》つて日本国に生れて小乗大乗一乗の諸戒一一に之《これ》を分別し梵網・瓔珞《ようらく》の別受戒を以《もっ》て小乗の二百五十戒を破失し又法華普賢《ふげん》の円頓の大王の戒を以て諸大乗経の臣民の戒を責め下《おと》す、此の大戒は霊山《りょうぜん》八年を除いて一閻浮提《いちえんぶだい》の内に未だ有らざる所の大戒場を叡山に建立す」（『御書』一〇三四頁）

「波木井《はきい》三郎殿御返事」では、「仏滅後一千八百年に入りて日本の伝教大師世に出現して欽明《きんめい》より已来二百余年の間六宗の邪義之を破失す、其《そ》の上天台の未だ弘めたまわざる円頓戒之を弘宣《ぐせん》したもう所謂《いわゆる》叡山円頓の大戒是なり」（『御書』一三七二頁）と述べ、中国の天台も弘宣しなかった円頓戒であることが強調されている。したがって、「伝教大師は其の功を論ずれば竜樹天親《りゅうじゅてんじん》にもこえ天台・妙楽にも勝れてをはします聖人なり」（『御書』一二六四頁）と、日蓮は最澄の功績に尊崇の念を抱いていたのである。

では日蓮は、この最澄の円頓戒そのものをどう評価していたのであろうか。これについて日蓮は、「教大師（伝教）・像法の末に出現して法華経の迹門《しゃくもん》の戒定慧《かいじょうえ》の三が内・其の中・円頓の戒壇を叡山に建立し給いし時二百五十戒忽《たちまち》に捨て畢《おわ》んぬ」（『御書』三四七頁）と述べ、最澄の円頓戒は、小乗二百五十戒を破ったとしながらも、それは『法華経』迹門の戒壇であるとしているのである。そして、「彼の円頓戒も迹門の大戒なれば今の時の機にあらず旁叶《かたがたかな》うべき事にはあらず」（『御書』三六三頁）とし、迹門の円頓戒は末法今時の時機に適《かな》った戒ではないと述べている。

しかも、叡山の円頓戒は円仁によって枉《ま》げられたとしている（同前）。先にも論じたように、日蓮は、円仁が理同事勝を立てたとして、最澄後の叡山を批判したのであるが、「撰時抄」においては、「天台宗の慈覚《じかく》・安然・慧心《えしん》等は法華経・伝教大師の師子の身の中の三虫なり」（『御書』二八六頁）とまで言いきっている。

それでは日蓮の立てた戒とはいかなるものであろうか。この問題は本章のテーマを超えるものなので、詳しくは別の機会に譲るが、その概要だけを論ずるならば、「御義口伝《おんぎくでん》」下に、「建立御本尊等の事」として、「御義口伝に云《いわ》く此《こ》の本尊の依文《えもん》とは如来秘密神通之力《じんつうしりき》の文なり、戒定慧の三学は寿量品《じゅりょうほん》の事の三大秘法是れなり」（『御書』七六〇頁）とあるように、日蓮建立の三大秘法総在の本尊がそのまま戒定慧の三学であり、日蓮の弘通《ぐつう》する寿量品文底下種《もんていげしゅ》の本尊を受持することが末法の戒の実践ということになろう。

「四信五品抄《ししんごほん》」には、この点について、「問う末法に入つて初心の行者必ず円の三学を具するや不《いな》や、答えて曰《いわ》く此の義大事たる故に経文を勘《かんが》え出《いだ》して貴辺に送付す、所謂五品の初二三品には仏正しく戒定の二法を制止して一向に慧の一分に限る慧又堪《たえ》ざれば信を以て慧に代え・信の一字を詮《せん》と為《な》す」（『御書』三三九頁）とあり、日蓮の三学は、信の一字に帰すると説かれている。

こうした三大秘法としての戒の本義については、すでに「法華行者逢難事《おうなんじ》」（『御書』九六五頁）、「法華取要抄」（同三三六頁）、「報恩抄」（同三二八頁）に述べられているとおりであるが、「教行証御書」では、「此の法華経の本門の肝心・妙法蓮華経は三世の諸仏の万行万善の功徳を集めて五字と為せり、此の五字の内に豈《あに》万戒の功徳を納めざらんや、但し此の具足の妙戒は一度持つて後・行者破らんとすれど破れず是を金剛宝器戒《こんごうほうきかい》とや申しけんなんど立つ可《べ》し」（『御書』一二八二頁）と述べ、日蓮の唱えるところの妙戒の功徳について明かされている。

こうして末法劣機の衆生のための、そして具体的に実践可能な戒が初めて日蓮によって示されたのである。

＊

最後に真俗一貫という視点から日蓮の思想的基盤について若干触れ、本章を終えることにしたい。

日蓮は『法華経』に説かれる「平等大慧」「如我等無異《にょがとうむい》」「諸法実相」等の教理に拠るなどして、僧俗はもとより悪人・闡提《せんだい》をも「皆已成仏道」にして、平等であるとしている。

そして「観心本尊抄」に、「釈尊の因行果徳の二法は妙法蓮華経の五字に具足す我等此の五字を受持すれば自然に彼の因果の功徳を譲り与え給う」（『御書』二四六頁）とあるように、日蓮所《しょ》立《りゅう》の本尊を信受することによって、等しくその功徳に浴《よく》することができると教示している。「松野殿御返事」ではこの点について、次のように譬喩《ひゆ》を用いて説いている。

「聖人の唱えさせ給う題目の功徳と我れ等が唱へ申す題目の功徳と何程《いかほど》の多少候《そうろう》べきやと云云《うんぬん》、更に勝劣あるべからず候、其の故は愚者の持ちたる金《こがね》も智者の持ちたる金も・愚者の然《とも》せる火も智者の然せる火も其の差別なきなり、但し此の経の心に背いて唱へば其の差別有るべきなり」（『御書』一三八一～二頁）

したがって、もし一切衆生の平等を否定するようなことがあるならば、「御講聞書《おこうききがき》」に、「権《ごん》教《きょう》は不平等の経なり、法華経は平等の経なり、今日蓮等の類いは真実自証無上道・大乗平等法の行者なり、所謂南無妙法蓮華経の大乗平等法の広宣流布《こうせんるふ》の時なり」（『御書』八一六頁）とあるように、日蓮が末法の時を観じて『法華経』を簡びとった意味が無に帰してしまうのである。

最澄は僧戒の問題をめぐって、真俗一貫思想を唱えたが、日蓮はこのように末法という時点に立って戒を信に代え、僧俗はもとよりあらゆる人々の絶対的平等を民衆教化の立場から説いているのである。ここに日蓮の思想的基盤がある。

以上のような日蓮の戒のとらえ方や、その基盤となった思想は、最澄の言う真俗一貫思想の発展であり完成であると言ってよかろう。

硲慈弘氏は、鎌倉仏教の特色について、「真俗一貫の仏教といふは、世出世一貫の思想信条によりて、出家と在家との隔《へだ》てを除き、世間と出世間との区別を超越し、また男女貴賤の間にも、決して差別を認めぬというのであるが、凡《およ》そかかる思想信条は一乗主義に立脚し、絶対三学を立場とする仏教の、当然なる発展であると同時に、やがては脱俗出家の仏教より、むしろ在家止住の仏教となり、一般人士の日常生活の中に、真意義を見出さんとするものであって、これまた鎌倉仏教の一大特色をなす点である」（『日本仏教の開展とその基調』上、三一二頁）と述べ、日蓮に関しては、「況《いわ》んや世間相常住とゝき、資生産業皆是仏法と教ふる法華一乗を根本とする日蓮聖人に於《おい》ては、もとより天下万民諸乗皆一仏乗となって、天下一同に『法華』の題目を唱へて、成仏するを理想としたのであって、そこには勿論《もちろん》貴賤男女の区別もなくまた出家在家の隔りのあるべき筈《はず》はなかった」（同前、三二三頁）と評しているが、これはまさに故《ゆえ》あることなのである。

第六章――伝教大師最澄の僧俗観と国家 ――『顕戒論』を中心として――

はじめに

伝教大師最澄《さいちょう》は、『法華経』の一乗思想に基づき、僧俗の差別を超え、両者通じて菩薩戒を受けることができるとして、いわゆる「真俗《しんぞく》一貫」*1を説いた。しかし晩年の最澄が撰述《せんじゅつ》した、『山《さん》家学生式《げがくしょうしき》』や『顕戒論《けんかいろん》』*2は、大乗戒壇《かいだん》独立を中心とする「菩薩僧」育成のための新しい僧制の確立と、その上に立っての鎮護《ちんご》国家を主題としており、「在家菩薩」の具体像については論じていないことから、この「真俗一貫」思想は理念にとどまったと一般にいわれている。

しかしここで知っておかなければならないことは、『山家学生式』はそもそも「山家」（比叡山《ひえいざん》）の「学生」（学僧）に関する「式」（法令に則る細則）*3であり、『顕戒論』は『山家学生式』三式のうち最後に撰上された『天台法華宗年分度者回小向大式』、いわゆる『四条式』の内容を敷衍《ふえん》したものであるということである。つまり、これらのテーマはもとより「学生」、すなわち比叡山で修行する学僧に関する諸制度の変革であり、したがって僧侶中心の記述がなされるのは当然なのである。もっとも、事実、最澄がその生涯において構想を明らかにしたのは、「菩薩僧」＝「出家菩薩」の育成と使命であったことは確かであり、そのために大乗戒壇建立《こんりゅう》の上奏がなされたのであった。

ただし、『顕戒論』には、右に述べた目的で著されたにもかかわらず、実際は僧俗の本質的な平等や大乗戒壇を支える「真俗一貫」の戒律観について、随所に述べられているのである。しかも『顕戒論』では、国家権力下にあった仏教の使命としての鎮護国家だけではなく、法華円教の興隆に関連付けての宗教的意味における肯定的な国家観についても述べられている。

この小論においては、まず最澄の基本思想を確認してから、『顕戒論』を中心として、ともすると大乗戒壇独立という大事業の陰に隠れがちな、こうした最澄の僧俗観、国家観[*4]に注目して、なぜ最澄は「真俗一貫」をいいながら、「菩薩僧」育成を第一に進め、国家権力に積極的なはたらきかけをしたのか考察してみたい。

注

＊1 『山家学生式』・『伝教大師全集』（本章では一九六六―六八年発行本を用いた。以下、『伝全』と略称）第一、一九頁。

＊2 『山家学生式』『顕戒論』・『伝全』第一。

＊3 井上光貞『日本古代の国家と仏教』（一九七一年）、一〇〇頁参照。

＊4 竹田暢典氏は、「日本天台における伝戒護国の思想」（『伝教大師と天台宗』一九八五年）の中で、平安時代初頭における「国家」なる表現の意味する概念として、①皇室または天皇を指す場合②一般国民にややウエイトをおいている場合③両者を含めて、ほぼ今日的な意味における国家を指す場合、の三つがあることを指摘されている。本章においては、①の意味にウエイトをおいて用いることにするが、③の意味を含める場合もある。②の意味の場合は「社

会」と表現する。

なお竹田氏は、最澄の場合は、「国家」を③の意味で用いることが極めて多いと推考されると述べられている。

(1) 最澄の基本思想

①『願文』

最澄は、延暦四年（七八五）四月六日、南都の東大寺において具足戒《ぐそくかい》を受け[*1]、正式に僧侶の資格を得たが、そのわずか三カ月後には比叡山に入山し、山林にあって修行を開始した[*2]。入山後、間もなく執筆したといわれる『願文《がんもん》』には、当時の最澄の心境が率直《そっちょく》に語られている。そこでは、徹底した自己省察がなされ、五濁《ごじょく》の悪世に生まれあわせた狂愚《おうぐ》のわが身を知り、その地平に立って解脱《げだつ》に向けての決意と、衆生を度《ど》して仏国土を浄《きよ》めんとの誓願が述べられている[*3]。

すなわち最澄は、

伏尋㆓思己行迹㆒。無戒竊受㆓四事之労㆒。愚癡亦成㆓四生之怨㆒。…中略…愚中極愚。狂中極狂。塵禿有情。底下最澄。上違㆓於諸仏㆒。中背㆓於皇法㆒。下闕㆓於孝礼㆒[*4]。

と述べ、僧として遇されてはいても、自らは戒を守ることもなくそれに価しないとし、さらに仏法・王法・世間法に背《そむ》いた「底下《ていげ》」の衆生であると自らを称している。しかし、同じく『願文』において最澄は、自行・化他にわたる五つの誓いを立て、それが達成され六根相似《ろっこんそうじ》の位に至ったなら、法界の衆生を同じく妙覚に登らせることを約している。

こうした『願文』の内容からわかるように、最澄は、国家の定める受戒制度下の一僧侶の立場からではなく、五濁の時代の一衆生の立場から自己をみつめ、そして自己を含めた一切衆生の解脱を指向しているのであるが、そこには、すでに法華思想の影響を窺《うかが》い知ることができる。

この点については、たとえば、『願文』の冒頭の「悠悠三界。純苦無レ安也。擾々四生。唯患不レ楽也。」との書きだしは、『法華経』譬喩品の「三界無安。猶如火宅。衆苦充満。甚可怖畏」あたりから、その意を取って構成したものとの推測がなされたり、[*5] 当時最澄は『天台小止観』の示唆《しさ》を強く受けていたといった指摘がなされたりしているが、[*6]『願文』中には、「三界」「方便」「無上第一義」といった天台宗の術語が数多く用いられており、[*7] 当時すでに最澄は、天台教学を通して『法華経』を学んでいたらしいことがわかる。つまり最澄は、『法華経』を基底にして、自らのおかれた状況と自己自身をみつめ、そこから「時」と衆生の「機根」を洞察《どうさつ》し、五つの誓願を立てるに至ったのではなかろうか。

そして『願文』では最後に、「菩薩」の名目こそ用いていないが、利他の行や国土を浄めることが誓われており、後に最澄によって明かされる「菩薩僧」の使命や鎮護国家観の原型をここにみることができる。

この願文は、十九歳の最澄が書いたものではあるが、そこには最澄が生涯貫徹《かんてつ》しなければならぬ大誓願が立てられており、[*8] 確かに最澄の一生はこの『願文』の発展であり具体化であるという一面がある。[*9] その意味で、最澄の基本思想を知る上で、『願文』は重要な材料であるといえよう。

注

*1　『戒牒』・『伝全』第五、附録、一〇三頁。
*2　仁忠『叡山大師伝』・『伝全』第五、附録、三頁。
*3　『願文』・『伝全』第一、一〜三頁。
*4　同右、一〜二頁。
*5　『開結』一九一頁、薗田香融「最澄とその思想」・日本思想大系4『最澄』（一九七四年）。
*6　木内堯央「伝教大師仏教の基調―下品の自覚と大乗円教―」・多田厚隆先生頌寿記念『天台教学の研究』（一九九〇年）。
*7　最澄は、師・行表のもとで、華厳宗第三祖賢首大師法蔵の『華厳五教章』『大乗起信論義記』等を学んだことから、それらに述べられている智顗の『次第禅門』や『天台小止観』を知ることになったといわれている。なお、『願文』に用いられている術語は天台宗の術語ではなく三論宗系の術語であるという説や、華厳宗系とみるべきであるという説もあるが、いずれにしても『天台小止観』と出会ったことが動機となって、「願文」は書かれたようである。この点については、関口真大「伝教大師『願文』について」・天台学会編『伝教大師研究』（一九七三年）、参照。
*8　塩入亮忠『伝教大師』（一九三七年）、七一頁。
*9　石田瑞麿『日本仏教における戒律の研究』（一九六三年）、一三一―一三三頁。

②『顕戒論』

次に、『顕戒論』にみる最澄の基本思想について考察してみたい。

最澄が弘仁《こうにん》十年（八一九）に撰述した『顕戒論』では、『願文』に述べられた五濁の世について、経文を通して具体的に論じられており、その所以《ゆえん》や様相が明らかにされている。[*1] 最澄は、『仁王《にんのう》経』や『法滅尽経《ほうめつじんきょう》』に依って詳細に論じているが、その要点をいうならば、五濁の世とは、釈迦の法が滅しゆく世であり、一切衆生が悪業を造り、僧までもが俗化して衆生をまどわしていって、国土にはさまざまな災難が出来《しゅったい》する悪世ということになろう。そして、こうした背景から最澄は、比叡山に入山することになるが、籠山《ろうざん》の意義については次のように述べている。

夫自レ非二忘レ飢楽レ山。忍レ寒住レ谷。一十二年。精進之力。数年九旬。観行之功一。何排二七難於悪世一。亦除二三災於国家一。[*2]

すなわち最澄は、山林に入り飢寒《きかん》に耐えての、十二年間に及ぶ精進《しょうじん》の力と数年間の九十日にわたる三昧《さんまい》の実践による功徳によってのみ、災難から社会、国家を守ることができると確信するとしている。

さて、最澄は、『法滅尽経』等により、「今已知レ時」[*3] といっているが、この「時」について、『守《しゅ》護国界章《ごこっかいしょう》』においては、「正像稍過已。末法太有レ近。法華一乗機。今正是其時」[*4] という時ととらえ、『依憑《えひょう》天台集序』では「我日本天下。円機已熟。円教遂興」[*5] としているが、『顕戒論』では、「仏日重光。内証道興。円教大戒。必可二興顕一之時。蘭若禅窟必可二建立一之日」[*6] としている。つまり、最澄は、五濁の悪世に生まれあわせた無戒にして底下で、もはや小乗教によっては救われぬ「機」である自己を見定め、いまこそ『法華経』流布の「時」と知り、『顕戒論』で法華円頓《えんどん》戒が興《おこ》り顕《あらわ》われるべきであると訴えたのである。

　ここで問題となるのが、なぜ最澄はこの戒を授ける場である戒壇の建立ということに重きをおいたのかということである。この点については諸先学によってさまざまに論じられており、本章でそれら全てについて述べるのはとうてい不可能なので、ここでは戒壇建立をめぐるいくつかの素朴な疑問点を述べるというかたちで、この問題についての考察を進めたい。

　まず、『願文』においてはもとよりであるが、入唐《にっとう》して道邃《どうずい》より菩薩戒を受けた後に、天台宗として新たに年分度者二名の勅許《ちょっきょ》を求めるに際しても、最澄は、独立して法華円頓戒壇を建立するという構想を述べていない。それが、『山家学生式』[*7]に至って、円頓戒壇の独立が主張されるのは、やはり最澄の弟子たちも、南都の諸寺に僧籍を置き、東大寺で受戒しなければならなかったので、『天台法華宗年分得度学生名帳』[*8]にみえているように多くの僧が叡山を離れていってしまったことが契機となり、戒壇建立が構想されるようになったと考えるべきなのであろうか。

　また最澄は、『顕戒論』において、『梵網《ぼんもう》経』に説く「自誓受レ戒」[*9]について述べたり、「伝戒之道。夫婦可レ伝」[*10]と論じ伝戒を認めたりしていながら、勅許を得て国家公認の戒壇建立を目指し、そしてさらに「菩薩僧」による鎮護国家を申し出たのはなぜか。これは最澄の考えが矛盾《むじゅん》していたとすべきか、それとも最澄は「国家仏教」の枠を超えられなかったとみるべきか[*11]、はたまた、当時の時代状況にあって一宗独立を勝ち取るための方便、いわゆる「避雷針《ひらいしん》的作用を演ずるに過ぎない」[*12]と理解したらよいのであろうか。

以上要するに、最澄の大乗戒壇構想はいつ生まれたのか、またなぜ戒壇における受戒を重視し、さらには受戒僧の使命として鎮護国家を定めたのであろうか。こうした問いに答えるためには、最澄の教学における受戒の意味、最澄の国家観さらには律令国家の宗教法制や南都六宗との関係などについて明らかにしなければならないであろう。

本章においては、「はじめに」で述べたように、いわゆる「真俗一貫」[*13]をいいながら、実際は戒壇建立を実現して、菩薩僧の育成に全力を注ごうとした最澄は、そもそも僧俗の関係をどう考えていたのかについてと、天台教団確立への道程にあって、最澄は国家をどう位置づけていたのかについて、『顕戒論』を中心に若干《じゃっかん》考察を加えることによって、将来こうした問題を明らかにするための一助としたい。

注

＊1　『顕戒論』、明拠三十三、同四十七・『伝全』第一、一二五―一三〇頁、一五四―一五六頁。以下、『顕戒論』の明拠は、明拠と略す。
なお、本章は、各明拠を超えて論述を進めたため、明拠の文脈をやや損った箇所があるが、『顕戒論』全体の論旨を曲げることはなかったと考える。

＊2　明拠三十三・『伝全』第一、一二九―一三〇頁。

最澄の鎮護国家構想の具体像を知るには『六所造宝塔願文』（『伝全』第五、三七三頁）が参考になる。

＊3　明拠四十七・『伝全』第一、一五六頁。

＊4　『守護国界章』・『伝全』第二、三四九頁。

なお、最澄の末法観については『末法燈明記』に詳しいが、その解明は同書の真偽問題をふくめ、今後の課題としたい。

＊5　『依憑天台集序』・『伝全』第三、三四三頁。

＊6　『顕戒論』・『伝全』第一、二六頁。

＊7　『山家学生式』・『伝全』第一、一一頁以下。

＊8　『伝全』第一、二五〇—二五三頁。大同二年（八〇七）以降十年間をみると、二十名の僧のうち、比叡山に残ったのは六名にすぎなかった。

＊9　『顕戒論』・『伝全』第一、一二二頁。

＊10　明拠三十六・『伝全』第一、一三三頁。

＊11　中川修「最澄における国家権力の問題—仏性問題への発言と東国農民—」・二葉憲香編『続国家と仏教』古代・中世編（日本仏教史研究三、一九八一年）、参照。

＊12　家永三郎『上代仏教思想史研究』（一九六六年）、二〇八頁。

＊13　『山家学生式』・『伝全』第一、一九頁。

(2) 最澄の僧俗観

①『山家学生式』

はじめに『顕戒論』について述べるための前提として、最澄が弘仁九年（八一八）から翌十年にかけて上表した『山家学生式』三式により、最澄の考える僧俗の定義について整理しておきたい。

『天台法華宗年分学生式一首』（『六条式』）において最澄は、

釈教之中。出家二類。一小乗類。二大乗類。道心仏子。即此斯類。今我東州。但有㆓小像㆒。未㆑有㆓大類㆒。大道未㆑弘。大人難㆑興。[*1]

と述べ、仏教には二種類の出家があり、一つには小乗の類《たぐ》い、二つには大乗の類いであるが、真の大乗の出家はわが日本にはいまだ現れていないとしている。そして最澄は、この大乗の出家を「菩薩僧」と称し、それは「仏子戒《ぶっしかい》」を授けられたものとしている。[*2]
『天台法華宗年分度者回小向大式《えしょうこうだいしき》』（『四条式』）では、この「菩薩僧」には「初修業者《しょしゅぎょうしゃ》」と「久修《くしゅ》業《ぎょう》者」があるとし、「初修業者」には、比叡山における十二年間の修行を命じ、これを終えた「久修業者」にして、はじめて利他のために小乗の戒律威儀《いぎ》を仮受《けじゅ》して、他宗の僧と同一の寺に住することが認められている。[*3]
さらに『四条式』では、『六条式』で述べた「仏子戒」とは『梵網経』に説く「大乗大僧戒」であり、「其戒広大。真俗一貫。」、すなわち、その戒は広大であり、出家、在家とも一貫して用いられるべきであるとした。[*4] そして、最澄は、

故法華経。列㆓二種菩薩㆒。文殊師利菩薩。弥勒菩薩等。皆出家菩薩。跋陀婆羅等五百菩薩。皆是在家菩薩。法華経中。具列㆓二種人㆒。以為㆓一類衆㆒不㆑入㆓比丘類㆒。以為㆓其大類㆒。

今此菩薩類。此間未二顕伝一。[5]

と述べ、そのゆえに、『法華経』は、「出家菩薩」と「在家菩薩」という二種の菩薩を列《つら》ね、それらを一類の衆として、小乗の比丘と区別しているのであるとし、しかしこの出家、在家を含めた大乗の菩薩が日本には伝えられていないと指摘したのである。

なお、『勧奨天台宗年分学生式』(『八条式』)は、『六条式』の細則という性格を有するが、ここで特に注目しておきたいのは、十二年間の修学の内、初めの六年間においては「外学《げがく》」、すなわち仏教以外の学問も学ぶことが定められていることと、『八条式』上表の一つの理由として、「利益国家」が最後に明記されていることである。[6] 後にも論ずるが、こうした点に最澄の現実社会に即応した菩薩像が窺《うかが》われるのである。

以上のように、『山家学生式』によれば、最澄は、小乗の比丘に対して、出家、在家を含めた菩薩類を区別することを大前提としつつ、その上で叡山における「菩薩僧」の育成について具体的に論じていることがわかる。

注

*1　『山家学生式』・『伝全』第一、一一頁。

*2　同右、一二頁。
なお、『六条式』では、「円十善戒」を受けたものを「菩薩沙弥」としているが、この「菩薩沙弥」については、石田・前掲書、一五五頁以下、朝枝善照『平安初期仏教史研究』(一九八〇年)、一六七頁以下、参照。

＊3 『山家学生式』・『伝全』第一、一六―二〇頁。小寺文潁「伝教大師の菩薩観」・『印度学仏教学研究』第十六巻第二号（一九六八年）、参照。

＊4 『山家学生式』・『伝全』第一、一七～一九頁。

＊5 同右。

＊6 同右、一三―一六頁。

②『顕戒論』

『顕戒論』においては、小乗の僧に対して大乗の「菩薩僧」があることが論じられ、[*1] この「菩薩僧」とは、『梵網経』に説く大乗の大僧戒である十重四十八軽戒を受けた者、と明記されている。[*2] この戒は、前時代にすでに伝わってはいるが、これまでは声聞の戒律の作法を用いて梵網の戒に混用していたとし、最澄は梵網の円戒の必要を主張した。こうした背景から最澄は、自らの宗を「新宗」と呼んだのである。[*3] しかも最澄は、

論曰。大海之水。不レ遮二蚊飲一。菩薩之戒。何遮二黄門一。所以十地以還。猶有二誤犯一。畜生已上。分有レ持レ戒。今引二聖人一。強抑二凡夫一。今此円戒。但除二七逆一。自余衆生。皆悉得レ戒也。[*4]

と述べ、僧綱《そうごう》の批判をしりぞけ、この戒は出家だけでなく在家の者までが受けることができるとの理念を述べている。

ここに、それまでの僧戒に対する考え方をくつがえすとともに、僧俗の区別についての伝統的

な理解を変えるという、最澄の革新的な主張が展開されることとなった。

さて、『山家学生式』の『四条式』において、最澄は、菩薩には「出家菩薩」と「在家菩薩」があって、しかもこの両者を大乗菩薩類として一類の衆としていることはすでに述べたとおりであるが、『顕戒論』においては、この大乗の菩薩が小乗の比丘より勝れている点について、さまざまに論じられているので、ここではその要点を述べておきたい。

最澄は、『維摩経《ゆいま》』や『大智度論《だいちどろん》』等を引いて、菩薩は小乗の比丘のように煩悩《ぼんのう》を断じていなくとも、すべての者を救おうとする点で、自分の解脱《げだつ》のみを考える小乗の比丘よりも勝《すぐ》れていることや、[*5]小乗の比丘が迷いの生死と悟りの涅槃《ねはん》とを区別するのに対して、菩薩は「道俗一観」[*6]、すなわち善悪を離れず俗世において振る舞う点でも勝れているとしている。そして最澄は、経・疏により、凡身《ぼんしん》にて仏道に通達《つうだつ》できることなどを述べたり[*7]、未学の者を軽んじることを禁じたりしている。[*8]

このように述べ、最澄は小乗の比丘に対して大乗の菩薩こそ、今時に出現しなければならないとしているのである。その上で最澄は、本質的には一類である「出家菩薩」と「在家菩薩」の相違について述べている。次にこの点についてみてみよう。

最澄は、出家、在家がともに同じ戒を受けるとはいっても、しかも、僧と不僧の別があり、また戒を持つにも、完全に持つ者とそうでない者とがあるとしている。そして智顗《ちぎ》の『梵網菩薩戒経義疏』に、道俗に九衆があり、この九衆には次第があって乱してはならないと論じられていることを挙げている。[*9] この僧と不僧の相違については、最澄が僧のあり方と使命について論じている箇所を指摘することによって、一層明瞭となると思われるが、これについては、『山家学生式』の『六条式』『八条式』にすでに基本的な考えが述べられているので、『顕戒論』について論ずる前にその概略をみてみる。

『山家学生式』では、「菩薩僧」となるための受戒とその後の修行、そして「菩薩僧」としての根本精神や具体的実践について規定されている。詳しい記述は略するが、『六条式』では「菩薩僧」には十二年間にも及ぶ修行が課せられ、その間、厳しい規律に従わねばならないことや、「道心」こそが「菩薩僧」たる所以であることが述べられ、『八条式』の文末には、

以前八条式。為下住二持仏法一。利二益国家一。接二引群生一。後生進上レ善。謹請二天裁一。謹言

とあり、在俗者たちを正法に導き、国家を利益することが「菩薩僧」の使命であると最澄は考えていたことがわかる。[*10]

次に『顕戒論』であるが、まずはじめに十二年間籠山の理由について述べられている箇所を挙げる。

最澄は『蘇悉地羯羅経《そしっちから》』『法滅尽経』等により山に入るべき時を論じ、[*11] また山に入ることによって修行が満たされることを根拠として、最下鈍《さいげどん》の者も十二年を経れば必ず一験を得られるとする[*12]

一方、天台宗の出家であっても、宗に背《そむ》き世俗の利益にとらわれることもあると、人間の現実をみつめ、十二年籠山の必要を強調している。*13 そして先にも述べたように、十二年間の精進の力と数年間の九十日にわたる三昧の実践による功徳によって、三災から国家を守ることができることを述べている。*14 つまり、「菩薩僧」であっても悪に染まることがあるゆえ、修行として十二年間の籠山が必要であるという、いわば消極的な面と、人々を救い国を守るために十二年の籠山によって完成された「菩薩僧」としての能力と功徳が必要であるという積極的な面とが説かれているのである。

このように最澄は、「菩薩僧」に十二年籠山を義務付けているのであるが、しかしこれは世俗からの逃避では決してなく、先に述べた「初修業者」*15 の段階においてのことであり、「久修業者」*16 に至っては庶民の生活する俗世間にまいもどって、利他行を実践しなければならないと最澄は述べているのである。また「菩薩僧」は、妻子を離れ俗家を出て山林に入り、*17 鬚髪《しゅほつ》を剃除《ていじょ》して袈裟《けさ》を著《ちゃく》し、*18 三衣《さんね》を受け、*19 家にたとえることのできる煩悩のおこる根源である五住地《じゅうち》を破さねばならないことを、*20 経・疏を通して最澄は述べている。

修行の内容としては、『山家学生式』に定められているように止観業《しかんごう》もしくは遮那業《しゃなごう》を修めることになるが、*21 僧侶達はいずれも論湿寒貧《ろんしつかんぴん》といわれる厳しい環境下の比叡山にあって、「少欲知足」*22 の清浄な日々を送ることとなった。こうした叡山における諸制度を破るようなことがあったなら、袈裟を脱がして在家の人とするといういわゆる還俗《げんぞく》の処罰が加えられることになっていた。[*23] そして「菩薩僧」には「国宝」として国のために念誦《ねんじゅ》し、国のために経を転ずることなどが命じられていたのである。[*24]

以上のように最澄は、『顕戒論』において在家の者には課せられない厳しい規律を「菩薩僧」に対して定めている。そしてこれを遵守することによって完成された真の「菩薩僧」によって、在家の者を導き国を安んずることが可能になると最澄は確信していたのである。

ところでこのようにいうと、一見、最澄の理想とする僧集団は、在家と離れた特殊な集団のようにうつるが、しかし最澄は、僧と在家の者との間に超えることのできない人間差別を設けようとしたのでは決してない。そこで次には、最澄の人間観・戒律観を通して、出家と在家の関係をどう理解すべきか考えてみよう。『顕戒論』は、学生のための式である『四条式』に対する僧綱らの批判に答えて執筆されたものであるから、当然学僧に関する諸制度を中心に述べている。しかし『顕戒論』には、随所に僧俗を超えた一切衆生についての記述がなされており、そこから最澄の人間観を知ることができるのである。

さて、先に出家、在家は通じて同じ戒を受けるが、僧と不僧の別があることを述べ、僧にのみ定められた規律を挙げ、僧のあり方や使命は在家の者と違うことを指摘した。確かにそのように最澄はいっている。しかし最澄は、『梵網経』を通して、

明知。奴婢已上。能受レ戒者。若依二菩薩戒一。出家修道。皆名為レ僧。[25]

と述べ、一般の庶民はもとより、当時の最下層にあった奴婢であっても出家することができるとし、さらに、出家したなら、身分を超えて同じく出家の法に従わねばならず、たとえば座配などについては、ただ一つの基準、すなわち受戒の前後によるべきことを述べているのである。

もっとも事実上、奴婢は当時にあっては出家することはほとんど不可能であったともいわれており、最澄の考えは理念にとどまる向きもあったといえないこともないが、逆にそのような時代であったからこそ、こうした発言がいかに革新的なものであり、そこには、僧綱の反対が目にみえているにもかかわらず、こうしたことを主張した最澄の信念がよく表れているということもできるのではなかろうか。[26]

このように最澄は、いずれの人々も出家することができるとすることによって、僧俗間の人間差別を超えているのであるが、そもそも最澄は、「一乗円宗」[27]という立場から『顕戒論』を撰述しているのであり、僧俗の関係も一切衆生平等の上に成り立っていることを忘れてはならない。[28]

『顕戒論』冒頭の帰敬偈《ききょうげ》には、

我今顕二発一乗戒一　利二楽一切諸有情一[29]

との一節があり、こうした人間観に立った最澄の宗教者としての決意が述べられている。そしてこうした最澄の人間理解が根底をなし、最澄の戒律観が形成されていったものと思われる。

確かに事実の上では、最澄は大乗戒壇の建立による「菩薩僧」育成について朝廷に上奏するにとどまったが、『顕戒論』には、大乗戒壇建立の構想を支える最澄の戒律観が縦横無尽に展開されているのである。それは南都の小乗戒とはまったく違う考えに立ったものである。詳しくは他の機会に譲ることにして、ここでは最澄の考える戒律観の一端について略記するにとどめる。最澄は、

当レ知。梵網仏戒。凡聖通受。何推二上位一。不レ許二下凡一。若不レ許二凡夫一。深違二経旨一。誰有智者。不二悲痛一哉。[*30]

とし、彼の唱える大乗戒は僧俗が通じて受けるものであり、それは経文に拠っていることを強調し、この戒を「万善戒[*31]」と呼んで自負している。その経文としては、『梵網経』の、

仏言。仏子与レ人授レ戒時。不レ得二簡択一。一切国王。王子大臣百官。比丘比丘尼。信男信女。淫男淫女。十八梵。六欲天。無根二根。黄門奴婢。一切鬼神等。尽得レ受レ戒。[*32]

などの文が挙げられている。前述したように、こうした僧俗を超えた大乗戒のことを最澄は、『山家学生式』において「其戒広大。真俗一貫」と表現したのであった。[*33]

そして最澄は、僧綱が、

而今云二新伝流一者。是何等戒。而可二伝流一。高徳所レ伝。何以非レ戒。下流所レ授。何以是戒。[*34]

と上奏し、授戒僧の権威を主張したことを批判している。円戒を唱える最澄は、「以レ生二重心一故便得戒。[35]」とし、授戒する僧ではなく戒を守ろうとする心が大切であるとし、菩薩戒を発得《ほっとく》した者による伝戒を認め、その結果「伝戒之道。夫婦可レ伝[36]」とさえ述べたのであった。そもそもこうしたことが可能となるのは、最澄が法華一乗思想を手掛かりとして『涅槃経』に説かれる「一切衆生悉有仏性」の教えに到達し、そして円戒の戒体はこの衆生本有の仏性であると考えたからである。[37]

また、大乗の出家というものがあることの文証として引いているのであるが、智周《ちしゅう》の『梵網経疏』に、維摩居士《こじ》が長者たちに悟りを求める心を起こすことが出家であり、これが具足戒を受けた僧であると言ったと説かれていることを最澄は述べている。[38]

このように最澄の戒律観は、超世間的、形式的な南都の僧たちのそれとは、大きな相違があるのである。もし生前、大乗戒壇建立が実現していたなら、次の段階として最澄は、既成の受戒制度を超えて、あらゆる人々を対象とした真の受戒のあり方について構想したのではないか、と推測することは許されないものであろうか。[39]

注

＊1　明拠二十七・『伝全』第一、一一五―一一七頁。

＊2　『顕戒論』『伝全』第一、一〇七頁。

＊3　明拠三十六・『伝全』第一、一三四頁。
＊4　明拠三十二『伝全』第一、一二四頁。
＊5　明拠四十一・『伝全』第一、一四二～一四四頁。
＊6　明拠七・『伝全』第一、七五頁。僧肇の『注維摩詰経』巻第二の文（『大正新脩大蔵経』―以下『正蔵』と略称―第三十八巻、三四四頁C）。
＊7　同右・『伝全』第一、七七頁。
＊8　明拠四十二・『伝全』第一、一四四―一四五頁。
＊9　明拠二十四・『伝全』第一、一一二―一一三頁。『正蔵』第四十巻、五七八頁C、参照。
＊10　『山家学生式』・『伝全』第一、一一―一六頁。
＊11　明拠四十七・『伝全』第一、一五四―一五六頁。
＊12　明拠四十六・『伝全』第一、一五三―一五四頁。
＊13　明拠五十三・『伝全』第一、一八一頁。
＊14　明拠三十三・『伝全』第一、一二九―一三〇頁。
＊15　明拠四・『伝全』第一、五八頁では、「初修行菩薩。不レ応下与二声聞比丘一。同居中房舎上。不二同坐レ牀。不二同行レ路」と述べ、初修行菩薩が小乗の比丘に接することを禁じている。
＊16　明拠二十七・『伝全』第一、一一六頁には、「明知。久修行菩薩。示現自在故。入二声聞僧中一。次第坐。」とあり、『四条式』・『伝全』第一、一七頁には、「得業以後。利他之故。仮二受小律儀一。許三仮住二兼行寺一」とある。
なお、齋藤圓眞氏は、「伝教大師最澄の真俗一貫思想を遶って」の中で、現実社会に対する積極的な参加をした行基こそが、最澄が養成せんとした大乗菩薩僧の理想像であったと指摘されている（前掲『天台教学の研究』三六八―三七〇頁）。
＊17　明拠五十二・『伝全』第一、一八〇頁。
＊18　明拠二十八・『伝全』第一、一一七―一一八頁。
＊19　明拠三十・『伝全』第一、一二〇―一二一頁。

*20 明拠二十八・『伝全』第一、一一九頁。
*21 『山家学生式』・『伝全』第一、一一―一六頁。
*22 明拠四十九・『伝全』第一、一六九頁。
*23 明拠五十二・『伝全』第一、一八〇頁。
*24 明拠三十五・『伝全』第一、一三一頁。
*25 明拠二十四・『伝全』第一、一一二頁。
*26 齋藤・前掲論文、三六六―三六八頁、参照。
*27 『顕戒論』・『伝全』第一、三三頁。
*28 引用の趣旨は違うが、『梵網経』の「一切衆生。皆有㆓仏性㆒。」（明拠二十・『伝全』第一、一〇八頁）との文や慈和寺朗然『四分律鈔記』の「以㆕俗人証㆑果。亦得㆔名為㆓第一義僧㆒。入㆓僧宝数㆒。」（明拠二十三・『伝全』第一、一一〇頁）といった文が『顕戒論』には引かれていることを付記する。
なお『法華秀句』には、「天台法華宗。具有㆓即入義㆒。四衆八部一切衆生。円機凡夫。発心修行。即入㆓正位㆒。得㆑見㆓普賢㆒。不㆑推㆓八地㆒。許㆓凡夫㆒故。」（『伝全』第三、二六七頁）とあり、成仏における僧俗平等が述べられている。
*29 『顕戒論』・『伝全』第一、二六頁。
*30 明拠三十二『伝全』第一、一二四頁。
*31 同右・『伝全』第一、一二五頁。
*32 明拠二十九・『伝全』第一、一一九頁。『正蔵』第二十四巻、一〇〇八頁Bの文。
*33 島地大等氏は、

抑も伝教大師の円頓大戒に対する根本思想を一言以てこれを掩はゞ即ち真俗一貫にあり、既に『山家学生式』中いわゆる「其戒広大真俗一貫」と称し、また或は「有道心仏子西称菩薩東号君子」といへるの数語以て顕然たりといふべし。（『天台教学史』二七三―二七四頁）

と評している。

「真俗一貫」については、拙稿「最澄の真俗一貫思想」・『第三文明』通巻三六四号（一九九一年八月号、本書第五章）

を参照されたい。なお、拙稿では、最澄が出家菩薩の育成や使命について明記しているに反し、在家菩薩の具体像については論じなかったことから、彼の真俗一貫思想は理念にとどまったとした。

＊34　明拠三十六・『伝全』第一、一三四頁。

＊35　『顕戒論』・『伝全』第一、一二二〜一二三頁。

＊36　明拠三十六・『伝全』第一、一三三頁。

＊37　注28、齋藤・前掲論文、参照。

＊38　明拠二十八・『伝全』第一、一一八頁。

＊39　仲尾俊博『日本初期天台の研究』（一九七三年）第四章「伝教大師最澄の人間観—『山家学生式』・『顕戒論』を巡って—」、参照。

なお、最澄は弘仁三年（八一二）五月八日には、一度目の遺言を認《したた》めたといわれている。この時は事無きを得たが、こうしたことを考慮するならば、最澄は自らの寿命があまり長くないことを考え、喫緊の大事として大乗戒壇独立を進めたと推測することもできるのではないか。

(3) 最澄と国家

最澄は、個の解脱を説き、「真俗一貫」を主張しつつも、実際においては勅許を得て大乗戒壇を建立し、「菩薩僧」を育成することを第一に考えていたことは確かであり、しかも「菩薩僧」の使命として鎮護国家を規定している。こうしたあり方は一見、矛盾であり、実際そうした評価を下す研究者もある。本章においては、これまで最澄の僧俗観について論じてきたが、最澄の説く「菩薩僧」は国家との関わりを抜きにしては考えられない存在であった。

最澄は国家をどう考えていたのかという問題は、彼の教団構想を理解するためだけでなく、彼の仏教観を知る上でも避けて通ることのできない問題である。しかしこれを解明するためには、前提として最澄が活躍した平安初期の国家の様相や宗教政策について正確に把握《はあく》しなければならない。本章においてはこうした問題全般に触れる余裕はもはやないので、ここでは『顕戒論』にみえる最澄の国家観について若干述べることとし、詳しくは後日の課題としたい。

最澄の生涯は、律令国家の僧制に従っての得度、受戒にはじまり、その後の内供奉《ないぐぶ》拝命、高雄《たかお》講筵《こうえん》、入唐修学、天台宗開創そして大乗戒壇建立といった重要な事績は、みな勅命を受けてなされている。途中、嵯峨《さが》天皇が最澄より空海を重んじた時期があったとはいえ、最澄は桓武《かんむ》天皇を中心に時の天皇の信任を篤《あつ》く受けていたと言ってよい。

最澄も歴代の天皇に最大限の礼を尽し、自らの教団確立に当っては、良岑安世《よしみねのやすよ》や藤原冬嗣《ふゆつぐ》といった政府高官を通して天皇にはたらきかけ、事を有効に進めようとしている。たとえば、『四条式』に添えて上呈した『請立大乗戒表』には、「有㆓法華宗年分両箇得度者㆒。登天　桓武聖皇帝帰㆓法華宗㆒。新所㆓開建㆒者也」[*1]とあるが、これを受けて『顕戒論』においては、「一乗円宗。先帝之制」[*2]であり「先帝御願」[*3]であるとし、「先帝」すなわち桓武帝の権威を後楯《うしろだて》に大乗戒壇独立を図っている。また『顕戒論』では、同じく『請立大乗戒表』に述べた、菩薩戒は桓武帝の忌日《きじつ》である三月十七日に比叡山で授けるということが再び述べられたり[*4]、「菩薩僧」による鎮護国家が規定されたりして、天皇への心遣いがなされている。

また最澄は、僧綱が『山家学生式』や右の表文の上奏を「僧尼令《そうにりょう》」第八条に違反しているとしたのに対して、確かに同条には所司《しょし》（玄蕃寮《げんばりょう》、治部省《じぶしょう》）を経ないで直接、上奏してはならぬとあるが、その但書には宮司・僧綱が断決不平にして理屈滞するによって直に上奏する場合はこの例に入らずと定められていることを指摘し[*5]、決して自分は法令を犯していないと述べている。つまり、最澄は、「僧尼令」の規定内での改革を推進している、という態度を表明しているのである。

いわゆる「貢名」「除籍」の制の提言は、それ以前の制を変革することになるが、その場合も最澄は、前者は中国、後者はインドの国家制度に順じてのことと述べることを忘れていない[*6]。

このように国家との関係を抜きにして、最澄の生涯を語ることは不可能である。しかし最澄は、国家に従属するものとして仏法をみたのではないようだ。『顕戒論』の冒頭、そして末尾の偈《げ》からもわかるように、最澄は法華一乗への深き信を根底とし、その上に立ってあらゆる事々を論じているのである。たとえば最澄は、止観業、遮那業の両業の「菩薩僧」に、「常為レ国念誦。亦為レ国（修二）護（摩一）」し、また「常為レ国転レ経。亦為レ国講二般若一」ぜしめんことを願っているが、そうすれば「一乗仏戒。歳歳不レ絶。円宗学生。年年相続」するであろうと述べている[*7]。つまり、「菩薩僧」が護国の祈りをすれば法華一乗の仏戒が絶えず、天台宗の学生が年々続いていくことになろうと、最澄はいっているのである。こうした表現に、最澄の仏教者としての真の目的が表れているとはいえまいか。ただしそうとはいっても、最澄は護国を手段化しているわけではない。最澄は国家の存在を積極的に肯定しているようなのである。

最澄は、当時にあって法華円教を弘通することがいかに困難であるかという現実を直視し、そこで天皇の存在に注目していった。天台宗開創以前のものであるが、延暦二十四年（八〇五）七月十五日に上奏した「進経疏等表一首」には、

妙法難レ伝。暢二其道一者聖帝。[8]

とあり、法華円経はそれに帰命《きみょう》した国王によって弘められると述べられており、『顕戒論』には、

桓武皇帝衷二愍彼（一乗の機根の者―筆者注）一　一円法雨降二延暦一
円教法泉開二心地一　円機衆生得レ見レ水[9]

として、実際に桓武帝によって妙法の興隆がなされたと記されている。

そしてまた最澄は、『法華経』の「諸法実相」「世間相常住」の教えによって、現実の社会、国家を肯定し、この地上に仏国土建設を実現しようとしたともいわれているのである。[10]

以上要するに、最澄は天台宗を確立し「菩薩僧」を育成することによって法華円教を流布することを大願とし、それを実現するための方途《ほうと》として国家権力の助援に期待すると同時に、一切衆生が生を営むこの現実の社会、国家の変革こそが、この大願の達成によってもたらされるものと構想したのではなかろうか。

注

＊1 『請立大乗戒表』・『伝全』第一、二四八頁。
＊2 『顕戒論』・『伝全』第一、三三頁。
＊3 明拠四十四・『伝全』第一、一五一頁。
＊4 明拠三十八・『伝全』第一、一三七頁。
＊5 明拠五十七・『伝全』第一、一九六頁。
「僧尼令」第八条には

凡僧尼。有レ事須レ論。不レ縁二所司一。輙上二表啓一。并擾二乱官家一。妄相嘱請者。五十日苦使。再犯者。百日苦使。若有下官司及僧綱。断決不レ平。理有二屈滞一。須中申論上者。不レ在二此令一。（『日本思想大系三 律令』一九七六年、二一八頁）

とある。
＊6 明拠四十九、五十一、五十二。
＊7 明拠三十五・『伝全』第一、一三一頁。
＊8 『顕戒論縁起』・『伝全』第一、二八二頁。
＊9 明拠五十八・『伝全』第一、一九七頁。
＊10 硲慈弘『天台宗史概説』（一九六九年）、斎藤・前掲論文、参照。

おわりに

以上、『顕戒論』を中心に、最澄の基本思想、僧俗観、そして国家観について考察した。その結果、最澄が「真俗一貫」をいいながらも「菩薩僧」育成を第一に進め、国家の存在を重要視した理由について、若干卑見《ひけん》を述べることができた。

その要点を整理するならば、最澄は、法華一乗思想に基づく一切衆生の平等を基底とし、その上に立って、『梵網経』に依拠する十重四十八軽戒を菩薩戒ととらえ、それは「真俗一貫」するとした。こうした僧俗の本質的平等を説きながら、最澄はそのあり方と使命における相違を述べた。そして、比叡山における厳しき修行を成した「菩薩僧」の行力と功徳によって、はじめて在俗者を法華円教に導き、国土を利益することが可能になると考えた。さらに最澄は、五濁の時代にあって妙法を弘める困難を知り、国王の威力に期待をよせるとともに、「諸法実相」の法理にのっとり、この現実の社会、国家の上に仏国土を建設することを指向したのである。以上の卑見に基づくならば、次のような推測が許されよう。

すなわち最澄が「菩薩僧」育成を第一に考えたのは、彼の「真俗一貫」思想を実現する方途を具体的に模索した結果だったのではなかろうか。確かに最澄は、「菩薩僧」の使命を重視したが、僧俗の本質的差別を言ったわけではない。奴婢であっても出家することができるとしたところにそうした最澄の考えが表れているとはいえまいか。つまり最澄は「菩薩僧」の育成なくしては在家の救済は不可能であるとの現実認識に立っていたのではなかろうか。また、最澄の説く鎮護国家は、国家に従属した仏教の役目として述べられたのではなく、法華思想に依拠して、また当時の時代状況を考慮し、国家を積極的に肯定しようとしたことの帰結であったといえるのではないか。

このように考えるならば、最澄の仏教理解は極めて現実的、実践的であるということができ、[1]『顕戒論』撰上も、自らの信仰を現実化するための具体的方策として戒壇建立を構想し、国家権力にはたらきかけたものとみることができよう。

しかし、なぜ最澄は、その具体的方策として戒壇の建立を最重要課題と定め、国家の許可を得ようとしたのであろうか。この問題は本章のテーマを超えるものなので、他の機会に改めて考察する予定であるが、その場合の論点についていくつか述べておきたい。

第一に最澄の大乗戒壇独立運動は、法相宗《ほっそう》の徳一《とくいつ》との間でたたかわれた、いわゆる三一権実《ごんじつ》論争とほぼ同一の時期に並行して進められていることに注目しなければならないということである。[2]ともすると最澄の教えは、彼が円密禅戒という四宗の相承《そうじょう》を受けていることなどを例として、「宗教的併立性、思想的共存性」[3]を特色とするといわれ、大乗戒壇独立運動と仏性問題をテーマとする三一権実論争とが同時に行われたことも、この特色から説明されることがあったが、本章で論じたように、大乗戒壇建立のために撰上された『顕戒論』には、最澄の教学の根幹をなす人間観が説かれ、その上に戒壇論が展開されていたことなどを考えるならば、この両者の「内的連関」[4]の追求が必要であると思われる。

第二に、最澄の生きた平安時代初期の僧制にあって、戒壇独立には如何なる意義があったのかを知らねばならないということである。

受戒は僧になるために必要な国家的制度であり、当時は国家公認の三戒壇でしか受戒することができなかった。したがって戒壇独立とは、国家の僧制の変革という重要な意味があることを知らなければならないとはいえ、最澄は自誓受戒や伝戒を説いているわけであるから、戒壇における受戒そのものを否定してもよかったということもできるが、なぜそれをしなかったのか。

僧俗の区別もつかないほどに乱脈していたといわれる当時の仏教界にあって、[*5] 山林修行を重んじ持戒清浄な「菩薩僧」育成を目指した最澄であるから、受戒自体を廃することまでは考えていなかったのであろうか。また最澄は当時の律令国家の僧制の枠内にあり、受戒に関する国家制度の変革は望んでいても、否定しようとは思わなかったのであろうか。はたまた『法華経』を中心とする彼の教学上の立場からの必然的な結果であり、当時の僧制には直接影響を受けていないと理解すべきであろうか。それとも、戒壇における受戒は、本章で述べたように最澄の構想の一段階であり、彼には受戒制度そのものを超える用意があったと考えるべきであろうか。

これに関連して第三に、平安初期という時代状況にあって、「新宗」の教団を形成するということの歴史的意味を理解しなければならないということである。

奈良時代から平安時代へと移り変わる光仁《こうにん》・桓武朝期（七七〇―八〇六年）は、律令体制の再建期といわれているが、仏教政策においても、道鏡《どうきょう》の出現を招くに至った、奈良時代後期の僧尼の世俗化を粛正《しゅくせい》するために、基本的にはいわゆる「僧尼令」的秩序に帰ることを方針としていた。そして、この「僧尼令」が目指したのは、「戒律厳守とたえざる修行による清浄な官僧集団の形成保全」[*6]であったが、最澄はこうした時代に新しい仏教教団の開創をしようとしたのである。

朝廷は、宝亀《ほうき》から延暦にかけて、非行僧尼の禁圧、得度・受戒の厳正化のために幾度も法令を発していき、その流れの中で延暦二十五年（八〇六）一月二十六日の年分度制の改革となるのである。[*7]ここにはじめて天台業の度者二名が勅許され、事実上天台宗の開創が成ったのであるが、あくまでも天台宗は国家が公認する七宗のうちの一宗になったにすぎず、しかも同時に厳しい課試《かし》制度と受戒制度の下におかれたのであった。加えてこの年分度者の勅許も、桓武天皇の病床に宿《しゅく》侍《じ》した最澄に対する恩賞という色彩がつよかったとさえいわれているのである。[*8]つまり、当時においては勅許を得てはじめて「宗」として認められたのであり、受戒は宗を超えて強制されていたのである。そうした中にあって最澄は、弘仁九年（八一八）三月に小乗戒を棄捨《きしゃ》し、[*9]『山家学生式』の上表によって大乗戒壇独立運動を開始し、「菩薩僧」育成を中心とする教団形成を目指したのである。[*10]

こうした背景を今後さらに詳しく知ることによって、最澄が大乗戒壇の建立を奏上した真意を考え、また、本章に述べたような『顕戒論』の内容は、当時のいわゆる律令国家の宗教制度下にあってどのような意義があったのかを正しく理解しなくてはならないであろう。

最後に、いままで述べてきたこととやや重複するが、最澄の説くいわゆる日本天台の特色に鑑《かんが》み、彼の戒律観を闡明《せんめい》しなければならないということである。

最澄は延暦二十三年（八〇四）に入唐し、湛然《たんねん》門下の道邃《どうずい》・行満《ぎょうまん》に師事して天台法門をわが国にもたらすが、あわせて道邃から大乗戒を、翛然《しゅくねん》から牛頭禅《ごずぜん》を、そして順暁《じゅんぎょう》から密教を伝授されている。こうしたいわゆる四宗相承は中国天台にはないことであり、最澄の教学はまさに日本天台というにふさわしいものであった。その他にも先学によって、たとえば「菩薩道の目標のつけ方」において、中国の慧思《えし》や智顗《ちぎ》は、「みずから仏道の究極に達するということ」を目指すに対して最澄は、「必ずしも個人の解脱というのではなく、むしろ、大衆の利益」に重きをおいたということや、[*11] いわゆる真俗二諦《しんぞくにたい》説において、智顗や湛然は真諦に力点をおいたのに対して、最澄は真諦よりも俗諦を強調したといったこと等を根拠として、[*12] 日本天台の教学の特色が論じられている。

こうした特色が、中国天台にはない大乗戒壇建立を構想した最澄の戒律観に、どう関係しているのか考えなければならない。最澄は受戒を『法華経』の実践ととらえ、あらゆる人々に現実の場において開かれているとしたことなどは、こうした関係を知る上での一つの指標になるであろうが、[*13] 詳しくは今後の課題としたい。

注

*1　竹田暢典「伝教大師の戒観」・『印度学仏教学研究』第十二巻第二号（一九六五年）、小寺文頴「伝教大師の菩薩観」・同第十六巻第二号（一九六八年）、木内堯央「伝教大師における菩薩教団の構想」・『大正大学研究紀要』第六十一輯

（一九七五年）、仲尾・前掲書、第四章第二節、参照。

＊2 竹田暢典「伝教大師における理想的人間像」・『大正大学研究紀要』第六十一輯（一六七五年）、参照。

＊3 鶴岡静夫『古代仏教史研究』（一九六五年）、一七七頁。

＊4 中川・前掲論文、一三八頁。

＊5 井上・前掲書、第四章「律令的国家仏教の変革」、参照。

＊6 速水侑『日本仏教史・古代』（一九八六年）、一四三頁。

＊7 『顕戒論縁起』・『伝全』第一、二九四―二九六頁。

＊8 薗田・前掲論文、四八五頁。

＊9 仁忠『叡山大師伝』・『伝全』第五、附録、三二一―三三三頁、光定『伝述一心戒文』・『伝全』第一、五六六―五六七頁、「承㆓先師命㆒顕㆓菩薩僧㆒文」、参照。

＊10 二葉憲香氏は、「中国日本における僧制の発展―山家学生式成立の意義―」（『伝教大師研究』）において、最澄が『山家学生式』・『顕戒論』で説いた僧制は、「僧尼令」で規定された律令国家の僧制と基本的に異質であるとされた。

＊11 玉城康四郎『日本仏教思想論』上（一九七四年）、一四三頁。

＊12 武覺超「伝教大師の真俗二諦論―俗諦常住説の展開を中心に―」・『伝教大師研究』別巻（一九八〇年）。

＊13 玉城氏は、前掲書において、「最澄の立場においては、大乗の受戒こそ、四種三昧も大乗三昧もそのなかに句（包カ―筆者注）括し、しかも一切衆生に開かれているところの実践形態の最終の結びといえるのではあるまいか」（二〇三頁）と述べられており、これに関連して竹田暢典氏は、「日本天台における伝戒護国の思想」の中で、「理事相即の基本的立場は、四師（智顗、湛然、明曠、最澄―筆者注）を一貫せる不変のものでありながら、しかも、時代の下降と共に、すべての面で、理より事へとそのウエイトのかかりかたが動いてきており、人間の行為的実践たる戒行、戒相が特に重視されてきたのである。斯くて、伝教大師に至っては、…中略…天台大師以来の伝統たる心の重視の立場を継承しながらも、根本的、理念的な戒法、戒体の問題には、特に深入りはせず、むしろ、人間の行為的実践を重視し、現実的、具体的な機類観、時代観、国家観、教学観などとの関連において、特に、戒行を重視し、利他行の実践を強調した」（『伝教大師と天台宗』、三一一頁）と述べられている。

特論3 最澄

七六七（一説には七六六）～八二二年。日本天台宗の開創者である伝教《でんぎょう》大師のこと。根本大師・山家《さんげ》大師・叡山《えいざん》大師などともいう。近江国《おうみ》（滋賀県）滋賀郡古市郷《ふるいちごう》の琵琶湖畔《びわこはん》に生まれる。幼名は広野《ひろの》。父は中国からの帰化人系の三津首百枝《みつのおびとももえ》、母は藤原藤子といわれる。小学に学び、はやくから才能に恵まれた広野は、宝亀《ほうき》九年（七七八年）十二歳で近江国分寺の行表《ぎょうひょう》（七二二～七九七年）の弟子となって出家した。宝亀十一年（七八〇年）十四歳の時、近江国分寺の僧であった最寂《さいじゃく》が没し欠員ができたので、得度《とくど》して最寂の名の一字を受け継ぎ、最澄《さいちょう》と名のる。このころ師の行表から「心を一乗に帰すべし」との教えを受ける。

延暦《えんりゃく》四年（七八五年）四月、十九歳の時、奈良東大寺の戒壇《かいだん》で具足戒を受けたが、わずか三カ月後の七月には比叡山《ひえいざん》に入って庵室《あんしつ》を構え、五条の『願文《がんもん》』を著した。そこでは、徹底して自己を省みて、五濁《ごじょく》の悪世に生まれあわせた、愚かで戒律を守れぬ我が身を自覚した上で、人々と共に解脱《げだつ》して仏国土を建設することを誓っている。比叡山では、中国華厳《けごん》宗の法蔵《ほうぞう》（六三七～七一四年）が著した『華厳五教章』『大乗起信論義記』やかつて鑑真《がんじん》（六七七～七六三年）がもたらした天台三大部などを学び、『法華経』を根本とする中国天台の教えを信奉するようになり、延暦七年（七八八年）には日枝山寺《ひえさんじ》を創建して、一乗止観院《いちじょうしかんいん》と称した。これが根本中堂《こんぽんちゅうどう》と呼ばれるようになる。延暦十六年（七九七年）三十一歳の時、勅命で内供奉《ないぐぶ》（内供奉十禅師《じゅうぜんじ》の略。宮中の内道場に供奉する十人の僧のこと）の一員に任ぜられ、比叡山に近江国の正税から費用が給せられることになった。これは比叡山が、公的な僧団として認められたことを意味する。延暦十七年（七九八年）、三十二歳の時、比叡山ではじめて『法華経』八巻と開経の『無量義経』一巻および結経の『観普賢《かんふげん》経』一巻を講義する法華十講を開き、延暦二十一年（八〇二年）、三十六歳の時には和気弘世《わけのひろよ》らの請いに応じて、山城高雄山寺《やましろたかおさんじ》で天台三大部を講じた。教義的には、この天台三大部の講義をもって日本天台宗の独立開創とされている。

延暦二十二年（八〇三年）四月、三十七歳の時、中国天台の教えが正しく伝えられることを願っていた桓武《かんむ》天皇の命を受け、還学生《げんがくしょう》として唐に向かった。訳語僧として弟子の義真《ぎしん》（七八一〜八三三年）を伴って遣唐使船に乗り込み難波《なにわ》から出航したが、暴風雨のため九州に引き返し、翌年七月、肥前《ひぜん》国（佐賀県）松浦郡田浦を出て唐の明州《みんしゅう》に到着した。この時、乗船した船は違うが、空海《くうかい》も唐に渡っている。わずかに八カ月あまりの滞在であったが、その間に台州および天台山で、妙楽大師湛然《たんねん》（七一一〜八二年）の門下である道邃《どうずい》（中国天台第七祖）および行満《ぎょうまん》から天台の付法を受け、また天台山の惟象《いしょう》や越州の順暁《じゅんぎょう》からは日本人としてはじめて密教の伝法を受け、さらには天台山の翛然《しゅくねん》からは禅法を、道邃からは大乗菩薩戒を伝授された。こうして、いわゆる円・密・禅・戒の四種相承《そうじょう》を伝えられた。帰朝した直後の延暦二十四年（八〇五年）九月、桓武天皇の勅命を受けて高雄山寺でわが国最初の密教の灌頂《かんじょう》を行い、翌年、天台宗創設の奏請《そうせい》が容《い》れられ、南都六宗に加えて年分度者《ねんぶんどしゃ》（律令国家における得度の制度で、毎年公認される一定数の得度者）二名を割り当てられた。このうち一人は止観業《しかんごう》（『摩訶《まか》止観』専攻）、もう一人は遮那《しゃな》業（『大日経』専攻）と定められた。ここに、日本天台宗は国家的に公認され、この年には、わが国ではじめて弟子の円澄《えんちょう》らに円頓戒《えんどんかい》を授けている。

しかし、同年、最澄を外護《げご》してきた桓武天皇が崩御《ほうぎょ》し、多難な時代が始まった。書簡を往復するなどして交流のあった空海との関係が、聖典の貸借や空海門下となった弟子泰範《たいはん》の離反が原因となって悪化し、弘仁《こうにん》四年（八一三年）に空海と義絶《ぎぜつ》した。弘仁五年（八一四年）には、六所宝塔の建立《こんりゅう》（『法華経』千部を納める宝塔で、西国・東国・比叡山にそれぞれ二基建立）に向けて九州に赴《おもむ》き、弘仁八年（八一七年）には、はるばる上野《こうずけ》国（群馬県）・下野《しもつけ》国（栃木県）に下向したが、これを契機に会津《あいづ》（福島県）に住む法相《ほっそう》宗の徳一《とくいつ》（生没年未詳）との間で、一乗思想と三乗思想との真実性をめぐる論争（三一権実《ごんじつ》論争）が展開され、死の前年まで続いた。徳一は、『仏《ぶっ》性抄《しょうしょう》』『中辺義鏡《ちゅうへんぎきょう》』等を著し、衆生がそなえる素質は先天的に別々であり五種に分けられるという、法相宗で説く五性各別の教えに立って、三乗（声聞・縁覚・菩薩）こそ真実で一乗は方便であるとした。これに対して最澄は、『照権実鏡《しょうごんじっきょう》』『守護国界章《しゅごこっかいしょう》』『法華秀句《しゅうく》』等を著し、法華一乗の立場から、仏の教えに三乗の差別が存するのは衆生を導くための方便であり、一乗に帰することこそ真実であるとした。

弘仁九年（八一八年）から翌年にかけては、『山家学生式《さんげがくしょうしき》』（「六条式」「八条式」「四条式」）を朝廷に上奏して、比叡山に新たな戒壇を設けて大乗戒のみによる受戒を行い、その後は十二年間比叡山に籠《こも》って修学する制度の確立を目指した。このうち「四条式」では、いま最澄が主張する大乗戒は「真俗一貫《しんぞくいっかん》」、すなわち出家と在家に共通する同一のものであるとしている。こうした最澄の構想に対しては、護命《ごみょう》や長慧《ちょうえ》らの南都の諸師が反対したので、最澄は『顕戒論《けんかいろん》』を著して論争した。弘仁十三年（八二二年）五月十五日、義真に一宗を付属して、六月四日、比叡山上の中道院で入寂《にゅうじゃく》したが、その七日後に戒壇建立が勅許《ちょっきょ》され、翌年、嵯峨《さが》天皇より延暦寺の寺号を賜った。貞観《じょうがん》八年（八六六年）七月十四日には、清和《せいわ》天皇より伝教大師という大師号を授けられた。

日蓮は、嘉禎《かてい》三年（一二三七年）十六歳の時、天台宗系の清澄寺《せいちょうじ》で出家し、仁治《にんじ》三年（一二四二年）二十一歳のころ、最澄が開いた比叡山を中心とする西国遊学の旅に出（『御書』一四〇七頁）、最澄が日本に伝えた天台の教えを学んだといわれる。日蓮は、諸宗が天台の教えに依拠していることを証明した最澄の『依憑《えひょう》天台宗』を、「大師第一の秘書なり」（『御書』三〇七頁）と評しているが、「日本に仏法わたりて・すでに七百余年・但《ただ》伝教大師・一人計《ばか》り法華経をよめり」（『御書』一九五頁）とし、法華経の実義は伝教大師最澄によってはじめてわが国に弘通《ぐつう》されたと述べた（『御書』二六三頁）。そして、日蓮は、最澄は南都六宗に憎まれたという事実によって、「法華経の行者」（『御書』五〇一頁）であるとした上で、釈迦・天台・伝教・日蓮と連なる、「三国四師」（『御書』五〇九頁）という法華経流布の系譜を明らかにしている。

しかし、日蓮は、最澄の説く大乗戒とは小乗二百五十戒を捨てたとしながらも、それは『法華経』の「迹門《しゃくもん》の大戒」(『御書』三六三頁)であるとして、末法今時に適《かな》った戒ではないとした。日蓮は、「守護国家論」では「唯法華経を持つを持戒と為す」(『御書』四二頁)としたが、佐渡流罪後の「観心本尊抄」では御本尊の信受こそが末法の持戒であるとした。ここに、末法の一切衆生が実践可能な本門の大戒が完成した。日蓮は、最澄も「正像稍《やや》過ぎ已《おわ》って末法太《はなは》だ近きに有り」といって、この末法到来を願ったと述べている(『御書』一二五四頁)。また、日蓮は、忍難《にんなん》および慈悲については最澄に勝るとし(『御書』一二〇二頁)、末法の正法正師としての確信を表明した。

コラム2 歴史を学ぶ意義

歴史の勉強というと〝年号と歴史上の人物を暗記すること〟といった感じで、とっつきにくいなと思う人が多いかもしれません。ですが、「事実は小説よりも奇なり」との言葉もあるように、少し勉強するとこれほどおもしろい教科はありませんし、教えられることがたくさんあります。少年時代に歴史を勉強し、大人になって偉大な仕事を成《な》し遂《と》げた人物もたくさんいます。なかでも有名なのがナポレオン・ボナパルト（一七六九～一八二一年）です。

彼は地中海に浮かぶコルシカ島という兵庫県より少し広い島に生まれました。彼の家族はコルシカ島の愛国者でしたが、当時、フランスの支配下にあったので、悔しい思いをすることが多かったのです。しかし彼は負けないで、わずか九歳でフランスに渡り勉強したのです。ところがフランス人でもない小柄な彼はよくいじめられました。それでも決して逃げることはなかったそうです。その彼が一生懸命に勉強したのが歴史でした。彼は過去の偉人達の歴史を知り、大きな夢を持っていたので、何があっても大丈夫だったのです。

特に彼が好きだったのは、ローマの英雄ユリウス・カエサル（前一〇〇頃～前四四年）でしたが、そのカエサルも少年時代に読んでいたのが、大帝国を建設したアレクサンドロス大王(前三五六～前三二三年)の伝記だったのです。

ナポレオンはその生涯に、何度も困難に直面しました。その時、彼はもしカエサルだったらどうするだろう、アレクサンドロスならこうするに違いない、と考えました。そのうえで最も正しい道を自分の力で決断し、あらゆる困難を乗り越えたのです。そしてナポレオンは、今度は誰もできなかった新しい歴史を自分がつくる番だ、と考えていたのです。

「未来の創造」は「歴史を学ぶ」ことから始まると言えるかもしれません。私たちも歴史に学び、自分自身の歴史を築いていきましょう。

第三部　中　世・近　世

第七章―宗教と国家を考える　―最澄から日蓮へ―

はじめに

国家とは何か。国家の来歴や役割をどう理解したらよいのか。これらは古来、語りつくされたテーマであり、誰もがそれなりの考えやイメージを持っているであろう。しかし、いまを生きる誰もがそれまで経験したことのなかった東日本大震災（二〇一一年三月十一日）のあと、日本ではこの問いかけはかつてない重みと深刻さを帯びている。

二〇一一年八月三日、与野党の修正協議がまとまり、東京電力福島第一原発事故による損害の賠償《ばいしょう》枠組みを定めた「原子力損害賠償支援機構法」[*1]が参議院本会議で可決・成立し、国家にも被災者に対する賠償責任があることが法律に明記された。地震とそれによって引き起こされた津波は、その規模が途轍《とてつ》もなく大きいとはいえ自然現象の領域にあり、国家や国民には如何《いかん》ともしようがないが、被害を増幅させることになったと思われる行政の対応や現在もその行方が危ぶまれている原発事故は、国民の安全を守るという国家の役割が果たされなかったという意味で人災の領域にあり、そのことを法律の世界においても認めざるを得なくなったのである。

　自然災害による人々の被害を結果として増幅した国家の責任を問う、ということはいずれの国においてもこれまで繰り返されてきたことであるが、日本の歴史においては鎌倉時代の正嘉《しょうか》の大地震とそれに続く飢饉《ききん》を目《ま》の当たりにした日蓮（一二二二～八二年）の言動を特筆してよいであろう。それは本章のテーマである宗教と国家の関係を問うことになるばかりでなく、これからの震災復興に向けて重要な示唆を私たちに与え得るものと思われるからである。

　ところで、日蓮は最澄《さいちょう》（七六七〈一説には七六六〉～八二二年）が創建した比叡山《ひえいざん》で修学し、やがて鎌倉で布教を開始したのであるが、当時の日蓮は最澄を深く尊崇し、最澄が開いた天台宗と国家との関係を一つの模範として受け止めていた。しかし、正嘉の大地震を自ら被災し、これを機に「守護国家論」（一二五九年）、「立正安国論」（一二六〇年）を執筆することによって、独自の「宗教と国家」観を形成するに至った。そこで本章においては、はじめに最澄に焦点を当てて、古代における宗教と国家の関係について概観する。次に日蓮がなぜ「立正安国論」を鎌倉幕府に提出するに至ったのかという問題に注目して、日蓮の国家観や国王観を調べてから、今日この時節にあって、私たちは国家をどう理解していったらよいのかを考えてみたい。なお、「立正安国論」

提出後、度重《たびかさ》なる法難を受けて深化する日蓮の宗教観とそれによって変革された国家観については、紙幅《しふく》の関係上、次の機会に論じる予定である。

(1) 古代の宗教と国家

①「国家仏教」の行方

宗教と国家の関係は時代や国によって違うが、日本の場合は、古代における「仏教公伝」や「国家仏教」、近世の「宗教統制」や近代の「国家神道」などの歴史的経験を理由に、宗教が国家権力によって強く統制される時代が多かったと言われている。しかし、最近の歴史研究においては、こうした宗教と国家の関係が再考されるようになってきた。また、宗教研究においては、国家権力を思想的に相対化した日蓮をはじめとする鎌倉仏教が依然として注目されている。筆者は、こうした研究に依拠して、日本における宗教と国家を歴史的、思想的に捉え直すことを年来模索してきたが、本章においては、古代の最澄と中世の日蓮について考える。なお、本章は筆者の今後の研究計画の関係からタイトルを「宗教と国家を考える」としたが、仏教にテーマを絞って論じることを断っておきたい。

紀元後六世紀の欽明《きんめい》朝の時代に、仏教はわが国に伝来したと伝えられている。いわゆる「仏教公伝」である。百済《くだら》の聖明《せいめい》王（?～五五四年）は、隣国新羅との戦いに備えて欽明天皇（?～五七一年）に接近したが、その時に際して釈迦仏像や経論を天皇に献上し、仏教を伝えたという。すなわち、国家間の外交上の関係を背景として仏教は公式に伝えられたのである。[*2]

　もっとも、例えば今日における日本と韓国との文化交流において、映画・歌謡曲・漫画などの一部の大衆文化がはじめは国家間の法的規制を乗り越えて（すなわち違法に）伝えられたように[*3]、仏教もその教えを信じる人びとによる民間のルートでそれ以前に伝えられていた（「私伝」）と、いまに残る伝承などから考えられている。少なくとも、欽明朝以前に人々が仏像に接していたことは、仏教の仏・菩薩を表現した中国渡来の鏡が四、五世紀の古墳から出土していることなどから証明されている。[*4] 当時はまだ今日のような国家が成立してはいなかったので、当然、厳密な出入国管理などはなかった。おそらく海を越えて人々の交流は活発に行われていたものと思われる。『日本書紀』の記述によれば、その後、聖徳太子（五七四～六二二年）の新政や大化改新を経て、中国を範とする律令国家が構築され、その支配の頂点には天皇が置かれたという。聖徳太子の実在や大化改新の実像については論争のあるところであるが、欽明天皇の皇子の崇峻《すしゅん》天皇（?～五九二年）が蘇我馬子《そがのうまこ》（?～六二六年）の配下によって殺害されるという不安定な政治状況から「飛鳥浄御《あすかきよみ》原令《はらりょう》」（六八九年）が制定されるまでのおよそ百年の間に、確かに『日本書紀』に描かれたような大きな変革があったことは疑う余地がない。[*5]

この間、仏教においても豪族による私の信仰から天皇個人の信仰、さらには国家の資財を投入した寺院の建立《こんりゅう》がなされるようになったと考えられる。そして、僧侶になることは国家による公認が必要となり、律令制度には中国にはない僧尼令《そうにりょう》が制定されて、僧侶の行動は国家の強い監視下に置かれることになったという。そのような国家によって統制された仏教は「国家仏教」と呼ばれ、[*6]この概念の枠組みの中で古代の国家と仏教の関係が研究者の間で長らく論じられてきた。

ところが、仏教を自らの管理下に置いて統括することは古代の律令国家の理想であったことは確かであるが、ここ二、三十年の間にこの「国家仏教」の枠組みには収まらない地方豪族の仏教や民衆の仏教などの他の側面も注目され、また僧侶は必ずしも国家による統制の下にのみあったわけではないことなどが論じられるようになり、「国家仏教」という概念は批判を受けるようになった。[*7]この問題については、[*8]このような小論で詳しく紹介することなどできないが、「国家仏教」という場合の「国家」には、今日の近代的な統一国家をモデルとした国家の理念が前提されているように見受けられるので、[*9]今後は「古代における国家とは何か」という問いかけと共に国家と仏教との関係を論じる必要があることを指摘して、先に進むことにしたい。

②最澄と国家

最澄は延暦《えんりゃく》四年（七八五）四月六日、十九歳の時に奈良東大寺で具足戒《ぐそくかい》を受け、国家によって公認された正式な僧侶となったが、わずか三カ月後の七月十七日には官僧としての身分を捨てて山深い比叡山に入山し、厳しい仏教修行を積みながら煩悩具足の自己を内省して有名な「願文」[*10]を認めた。これが内供奉《ないぐぶ》の寿興《じゅこう》の目にするところとなって、最澄は内供奉十禅師の一人として朝廷に仕《つか》えることになり、やがて仏教興隆を進める桓武《かんむ》天皇（七三七〜八〇六年）の信任を得ることになった。その後、三十八歳の時には国家の命を受け入唐還学生《にっとうげんがくしょう》として中国に渡った。円・密・禅・戒の四種相承《そうじょう》を伝えられて帰国した後は、延暦二十五年（八〇六）に年分度者二名の勅許《ちょっきょ》を受け、日本天台宗の開創を実現した。人事面では密教観の相違や弟子の帰属問題などを契機に空海《くうかい》（七七四〜八三五年）との関係が悪化し、また徳一《とくいつ》（生没年未詳）との間では仏性《ぶっしょう》をめぐる論争が激化するなど、多難な日々を送ったが、大乗戒壇《かいだん》の建立と大乗菩薩僧の養成を畢生《ひっせい》の大事として、その実現のために生涯を捧げたのである。[*11]

この略伝からもわかるように、最澄はいわゆる南都仏教の「鎮護《ちんご》国家」の枠の中に収まることなく、仏教求道を第一に据《す》えてひとたび官僧の身分から離れることがあったが、時の天皇の信任を受けたことを契機として、その後は国家による仏教政策の枠組みの中にあって、仏教者としての理想を追い求めたのである。[*12]

本書第六章「伝教大師最澄の僧俗観と国家――『顕戒論』を中心に――」で筆者は、「入山後、間もなく執筆したといわれる『願文』には、当時の最澄の心境が率直に語られている。そこでは、徹底した自己省察がなされ、五濁《ごじょく》の悪世に生まれあわせた狂愚のわが身を知り、その地平に立って解脱に向けての決意と、衆生を度して仏国土を浄めんとの請願が述べられて」おり、「最澄は、国家の定める受戒制度下の一僧侶の立場からではなく、五濁の時代の一衆生の立場から自己をみつめ、そして自己を含めた一切衆生の解脱を指向している」と論じた。[*13] このように「願文」には、国家を相対化してあくまでも自己を主体的に捉える視点と国土を仏国土として把握《はあく》する大乗仏教の視点がすでに現れている。後に弘仁十年（八一九）に撰述《せんじゅつ》した『顕戒論』[*14]では、この「願文」で述べられた五濁の世について、『仁王般若経《にんのうはんにゃ》』（『仁王経』）や『法滅尽経《ほうめつじん》』に依って考察し、「五濁の世とは、釈迦の法が滅しゆく世であり、一切衆生が悪業《あくごう》を造り、僧までもが俗化《ぞくか》して衆生をまどわしていって、国土にはさまざまな災難が出来する悪世」[*15]であるとしている。ここには、後に日蓮の「立正安国論」で展開される天変地異の所以《ゆえん》がすでに示唆《しさ》されている。

ただし、最澄は前述したように国家の官僧という身分にあって、国家の宗教制度の変革を構想していったのである。筆者は本書第六章において「最澄と国家」について論じたので、詳しくはそちらに譲るが、その要点について述べておきたい。すなわち、最澄は天台宗の依経である『法華経』に説かれた「諸法実相」「世間相常住」の教えに基づいて現実の社会、国家を積極的に肯定したが、当時にあってこの経の教えを弘通することの困難を直視し、これを可能にするものとして天皇の役割に注目した。最澄は、大乗戒壇の建立を天皇の権威を後楯《うしろだて》にして実現しようとし、その際に行った「山家学生式《さんげがくしょうしき》」の上奏は僧尼令《そうにりょう》の規定に反していないことを表明するなど、その改革は国家の宗教制度の秩序を乱すものではなかった。最澄が大乗戒壇の建立によって育成することを目指した大乗の「菩薩僧」には、「国宝」として国のために念誦し、国のために経を転ずることが命じられていたのである。[*16]

(2) 中世の宗教と国家

① 最澄と日蓮

最澄が開いた比叡山での仏教修学を終え、建長五年(一二五三)四月二十八日に生国の安房《あわ》(現在の千葉県南部)で立宗宣言をした日蓮は、かつての遊学の地、鎌倉に上って布教活動を開始した。しかし、その直後の正嘉《しょうか》元年(一二五七年)八月二十三日、鎌倉を巨大地震が襲った。正嘉の大地震である。これに続いて数年の間、正嘉の飢饉《ききん》として知られる大飢饉が追い打ちをかけ、国土の疲弊《ひへい》、民の苦しみは極限に達した。日蓮はこれらの大災害を傍観《ぼうかん》するのではなく、自らも被災した当事者としてその因って来る原因を宗教者の立場から究明することになった。こうして予測をはるかに超えた「大いなる出来事」(die grossen Ereignisse)[*17]が日蓮に働きかけて、仏教と自然災害さらには仏教と国家に関する日蓮独自の教説が生まれることになる。ここに古代の最澄とは違う、実体験を踏まえた日蓮の経典解釈の所以がある。本章では天台宗を中心とするいわゆる旧仏教における宗教と国家の関係が日蓮の考えにどのように継承され、また発展していったのかについて考察する。

最澄が中国より帰国した翌年の延暦二十五年（八〇六）、年分度者二名が認められて日本天台宗が開創され、弘仁十三年（八二二）六月十一日、最澄没後七日にして比叡山に大乗戒壇を認める太政官符《だいじょうかんぷ》が出された。ここに天台宗は「鎮護国家」の一翼《いちよく》を担《にな》いつつ教団としての独立を果たした[18]。鎌倉での布教活動を開始した当時の日蓮は、この最澄から源信《げんしん》を経て鎌倉時代に至る比叡山を中心とする法華仏教の伝統と教理を継承することになる。本節では宗教と国家に関する最澄の変革がどのように日蓮に継承されていったのかを考えてみたい。

最澄は、『法華経』をその思想的淵源《えんげん》とする「真俗一貫《しんぞくいっかん》」の立場[19]から、南都仏教における二百五十戒の小乗戒を捨離《しゃり》し、僧綱《そうごう》による統制から脱して『梵網経《ぼんもうきょう》』の十重四十八軽戒のみを用いる大乗戒壇を独立させたが[20]、それはあくまでも国家の宗教政策を重んじ[21]、その上で自らの理想実現のための変革を国家に求めたものであった[22]。最澄はそれまでの「鎮護国家」の伝統を守って、「天台法華宗年分学生式一首」（「六条式」）では前述した「国宝」について述べ、「護国」の使命を論じている。日蓮もこうした「護国」の精神を受け継いで「立正安国論」の提出を実現させたと言うことができ、最澄の大乗戒壇の独立については、佐渡流罪後の「撰時抄《せんじしょう》」や「報恩抄」で高く評価し、自らの「本門の戒壇[23]」へと発展させて「真俗一貫」思想を完成させている。[24]
また、最澄は天台宗が国家公認となって以降、国家を鎮《しず》めるということを強調するようになるが、「勧奨天台宗年分学生式」（「八条式」）には、「住持仏法。守護国家」とあり、法相宗の徳一との論争の中で天台宗の開創を宣言した自らの書を「守護国界章《しゅごこっかいしょう》」と名づけているが、[25]この最澄の「守護国家」「守護国界」の理念は日蓮の「守護国家論」「立正安国論」に継承されていくのである。

高木豊氏は、最澄は『法華経』を依経として天台宗を自立させ、「天台法華宗年分度者回小向大《えしょうこうだい》式」（「四条式[26]」）では一向大乗寺の建立を志向したが、日蓮はこれをさらに一向大乗の国として日本全体に開いていったこと、[27]また最澄には神を守護神として包摂《ほうせつ》していく考えがあり、諸天衆・悪鬼も国土守護の役割を果すとする期待が日蓮の登場以前にすでにあったことを論じている。[28]さらに日蓮は平安時代から鎌倉時代に至るまでの旧仏教の影響も広く受けており、「立正安国論」も平安時代以後、諸道の学者や宗教者が朝廷の諮問に答えて上申した意見書である堪文《かんもん》の形式に則《のっと》ったものであり、「立正安国論」で展開される念仏批判も、旧仏教側の「興福寺奏状」（一二〇五年）や高弁《こうべん》（一一七三～一二三二年）の「摧邪輪《さいじゃりん》」（一二一二年）にその前例を見ることができるのである。[29]

ところで、律令制度が変質し中世国家へと移行する時代になると、それまでのように律令国家の支援を期待できなくなった諸寺院は、寺領庄園の獲得という新たな経済的基盤の構築を目指したが、これを世俗の権力者たちに認めさせるために寺院の興隆は俗権の繁栄につながるという旧来からの論理に依拠して、仏法と王法は車の両輪の如く互いに相《あ》い依《よ》るものであるとする「仏法王法相依論《そうえろん》」を唱えた。これが功を奏して、諸寺院は王法に対する仏法の相対的自立を獲得することができた。[30] 日蓮は、こうした時代の変化を比叡山で身を以て経験して鎌倉に入ったのである。したがって、当時の日蓮は、前述したように、天台宗を中心とする旧仏教の伝統と教理を確かに継承し、「仏法王法相依」という宗教と国家のあるべき関係を保持しようとしていたものと思われる。[31]

しかし、日蓮は、次節で論じるように、打ち続く天変地異に遭遇《そうぐう》し、最澄が知っていまだ体験していなかった末法の世の到来を知ることになる。[32] 「守護国家論」では、「伝教大師の末法灯明《まっぽうとうみょう》記《き》を開くに我延暦二十年辛巳《かのとみ》一千七百五十歳一説なり延暦二十年より已後亦四百五十余歳なり既に末法に入れり」[33]と、そのことが明言されている。しかも、日蓮は、こうした世の中を穢土《えど》として否定する念仏の教えが大きく広がるという現実に直面するのである。この念仏の声の響く末法という時の自覚が、日蓮に新たな思索と行動を求めることになった。

②天変地異

文応元年（一二六〇）七月十六日、日蓮は前執権北条時頼《ときより》（一二二七～六三年）に「立正安国論」[34]を提出した。比叡山を下り鎌倉に入って七年、時に日蓮三十九歳のことである。ここでは、はじめに平安時代後期から鎌倉時代にかけてこの国を襲った数々の天変地異とそれによる甚大《じんだい》な被害について、日蓮の記述やそのころの史料を通して概観することによって、「立正安国論」提出の背景について考えてみたい。

日蓮が生まれる十年前の建暦《けんりゃく》二年（一二一二）、鴨長明《かものちょうめい》（一一五五？～一二一六年）は『方丈記』において無常の人生を根底から揺るがす天変地異を生々しい筆遣いで記している。

例えば、平家が壇ノ浦で敗れた元暦《げんりゃく》二年（一一八五）、京都に大地震があったが、長明はこの地震について、「おびたゞしくおほなゐふる《大地震》こと《事》侍き。そのさま《其様》よのつね《尋常》ならず。山はくづれ《崩》て河をうづみ《埋》、海はかたぶき《傾》て陸地をひたせり。土さけて水わきいで《湧出》、いはほ《巖》われて谷にまろびいる。なぎさ《渚》こぐ船は波にたゞよひ、道ゆく《行》馬はあし《足》のたちどをまどはす。みやこ《都》のほとり《邊》には在々所々堂舎塔廟《ダウシャタフメウ》ひとつ《一》として、また《全》からず。或はくづれ《崩》、或はたふれ《倒》ぬ。ちり《塵》はひ《灰》たち《立》のぼり《上》てさかり《盛》なる煙の如し。地のうごき《動》、家のやぶる《破》ゝおと《音》、いかづち《雷》にことならず。家《イヘ》の内にをれば、忽《たちまち》にひしげなんとす。はしり《走》いづれ《出》ば、地われさく。はね《羽》なければ、そら《空》をもとぶ《飛》べからず。龍ならばや雲にも登らむ。おそれ《恐》のなか《中》におそる《恐》べかりけるは只地震《ナヰ》なりけりとこそ覚え侍《はべり》しか」*35という、あまりにリアルで畳かけるような記述をして、今回の大震災を思わすような地震の惨状や恐ろしさを伝えている。さらに、『方丈記』には、長明の生きた治承《ちしょう》年間（一一七七～八一年）ころの大風や洪水、そしてそれらが原因となって起こった飢饉や疫癘《えきれい》についても実際に見聞した者でなければ書けない筆致《ひっち》で綴られている。
しかも、『方丈記』はただ単に天災の脅威《きょうい》だけを書き記しているのではない。「又治承四年みな月の比《ころ》、にはか《俄》にみやこ《都》うつり《移》侍《はべ》りき。いともおもひ《慮》の外《ほか》なりし事なり。おほかた《大方》、此《こ》の京のはじめ《始》をきける《聞》事は嵯峨《さが》の天皇の御時みやことさだまり《定》にけるよりのち《後》、すでに《既》四百余歳をへ《経》たり。ことなる《異》ゆゑ《故》なくて、たやすく《輙》、あらたまる《改》べくもあらねば、これ《是》を世の人やすから《安》ず、うれへ《患》あへるさま、實《まこと》に理《コトワリ》にもすぎ《過》たり」*36とあるように、わずかの期間ではあるが、治承四年（一一八〇）におよそ四百年ぶりの遷都《せんと》である福原《ふくはら》遷都がなされ、京都の都人《みやこびと》は時代の大きな転換を嘆いた事実がその背景にあったのである。

このように『方丈記』には、武家の世の到来により常《とこ》しなえの帝都にも終わりの時が来るという歴史の無常観が詠《えい》じられるように綴られているが、これが日蓮の生きた時代となると、承久《じょうきゅう》の乱を経て実際に武家の世が興隆し、さらにはその武家政権内での闘争が激化してやがて国家そのものの存亡が危ぶまれるという段階に至るのである。この国はまさに未曾有《みぞう》の出来事に直面するのである。

鎌倉における布教をはじめた当時の日蓮は、そのような時代の到来を長明が経験した以上の天変地異を目《ま》の当たりにすることによって予感し、その因《よ》って来《きた》る原因を仏教の経典に求めたのである。「立正安国論」提出直前の天変地異とそれによる災害について、鎌倉幕府が公的に編纂《へんさん》した史書である『吾妻鏡《あづま》』[37]や日蓮の「安国論御勘由来《ごかん》」[38]等の記述からまとめてみると、建長《けんちょう》六年（一二五四）の暴風雨、白虹、大地震、康元《こうげん》元年（一二五六）の洪水、白昼光物、甚雨大風、赤斑瘡《あかもがき》流行、正嘉元年（一二五七）の日蝕、大地震、同二年（一二五八）の大暴風、寒気、正元《しょうげん》元年（一二五九）の大飢饉、大疫病、文応元年（一二六〇）の大地震、鎌倉中大焼亡、暴風洪水等があったことがわかる。「立正安国論」冒頭の「旅客来りて嘆いて曰《いわ》く近年より近日に至るまで天変地夭《ちよう》・飢饉疫癘《えきれい》・遍《あまね》く天下に満ち広く地上に迸《はびこ》る牛馬巷《ちまた》に斃《たお》れ骸骨路《がいこつみち》に充《み》てり死を招くの輩《ともがら》既に大半に超え悲まざるの族敢《やからあえ》て一人も無し」[39]という記述は、伝聞でも推測でもない日蓮自身の体験である。国を揺るがす大災害の現場にあった日蓮。一人の被災者であった日蓮のその思索の一端を国家に注目して次に見てみたい。

③日蓮と国家

本節では「立正安国論」を中心として、日蓮の国家観、国王観に焦点を当て、宗教と国家に関する考えがどう発展していったのかを考察する。

日蓮は嘉禎《かてい》三年（一二三七）、十六歳の時に出家したと言われている。その背景には、日蓮による後年の回想ではあるが、幼少のころから抱《いだ》いていた二つの疑問があったという。すなわち、釈迦一仏の教えがなぜ八宗、十宗に分化したのかという疑問と一国の王たる天皇がなぜ臣下の手によって海中に没したり島流しになったりしたのかという疑問である。[40] これらの疑問が真実であるならば、日蓮は幼少のころから仏教の教えとこの国の王の存在に深い関心を持っていたことになる。その後、十七歳の時に鎌倉に遊学した日蓮は、二十一歳の時にその成果として初めての述作である「戒体即身成仏義《かいたいそくしんじょうぶつぎ》」を著《あらわ》しているが、[41] そこには、「法華経の悟《さとり》と申《もうす》は、此《この》国土と我等が身と釈迦如来の御舎利《おんしゃり》と一と知也《しる》[42]」と記されている。幼少のころの疑問を裏づけるかのように、ここでは早くも『法華経』の教えと（王がいて民が実際に生活する）「国土」を関係づけて考えている。

その後、前述したように、正嘉の大地震を体験して日蓮は「立正安国論」を幕府に提出することになるが、なぜそのような行動に出たのか。それは、結論を先に言うと、日蓮が「立正」、すなわち正法弘通における国王の役割に注目したことが大きな理由として考えられる。ここでは、はじめに「立正安国論」の下書きとも言われる正元元年（一二五九）執筆の「守護国家論」から見ていきたい。

「守護国家論」には、「去《いぬ》る正嘉元年には大地・大に動じ同二年に大雨大風苗実《びょうじつ》を失えり定めて国を喪《うしな》うの悪法此の国に有るかと勘《かんが》うるなり」[43] とあり、悪法とは日蓮によると念仏の教え、なかんずく法然《ほうねん》（一一三三〜一二一二年）の「選択本願念仏集《せんちゃくほんがんねんぶつしゅう》」（一一九八年）に帰着するのであるが、[44] 日蓮はこのような悪法が国土に広がった責任を国王に求めている。それはなぜかというと、「仁王《にんのう》経の文の如《ごと》くならば仏法を以《もっ》て先《ま》ず国王に付属《ふぞく》し次に四衆に及ぼす王位に居る君・国を治むる臣は仏法を以て先と為《な》し国を治む可《べ》きなり」[45]と、『仁王経』に依拠して仏法が何よりも先に国王に付属され、国王は仏法によって国を治める責任があるからであると日蓮は同抄で述べている。ではなぜ国王にはそのような責任があるのであろうか。これについて日蓮は、同じく『仁王経』に、「仏・波斯匿《はしのく》王に告《のたま》わく、乃至《ないし》・是の故に諸の国王に付属して比丘・比丘尼・清信男《しょうしんなん》・清信女《しょうしんにょ》に付属せず何を以ての故に王の威力無きが故に」[46]とあることをもって、王の持つ「威力」に注目していることがわかる。ではなぜ国王にはこのような「威力」があるのであろうか。

これについては、「守護国家論」執筆の翌年、正元二年（一二六〇）の「災難対治抄《さいなんたいじ》」に、やはり『仁王経』にある、「一切の国王は皆過去世に五百の仏に侍《つか》うるに由《よ》つて帝王主と為ることを得たり」[47]との一節を日蓮は引用している。すなわち、国王となることは過去世に多くの仏に仕えた功徳だというのである。このように国王には仏法の視点から見ると特別な力量と役割が備わっているということになり、それが「威力」として考えられたのではないだろうか。[48]そうであるから、同じく『仁王経』にあるように、「若し王の福尽きん時は一切の聖人皆捨て去ることを為さん若《も》し一切の聖人去らん時は七難必ず起る」[49]ということになるのであろう。

日蓮は、この「守護国家論」で災難の原因を大乗経典を根拠にして明らかにし、これを前提として「立正安国論」を幕府に提出したのである。本章との関連でいえば、「立正安国論」は、国家、国土そして国王、僧侶について論究しているが、その形式は古代からの伝統を継承した勘文として為政者を諫《いさ》めたものであり、その構成は主人と客との問答として平易な論述になっている。

「立正安国論」には客の言として、「所詮天下泰平国土安穏は君臣の楽《ねが》う所土民の思う所なり」*50、また「所詮国土泰平・天下安穏は一人より万民に至るまで好む所なり楽う所なり」*51とあり、要するに誰しもが国土の泰平と天下の安穏を願っていることが繰り返し述べられているが、それを可能にするためには、主人の言として、「帝王は国家を基として天下を治め人臣は田園を領して世上を保つ」*52とあるように、帝王と人臣はそれぞれの役目を果たさなければならないとして、帝王においては国家を本拠として政治を行わねばならないことが述べられている。それはなぜかと言うと、客の言であるが、「国亡び人滅せば仏を誰か崇《あが》む可き法を誰か信ず可きや」*53と、日蓮は仏教信仰の場として国家の存続を前提としているからである。だから、これに続く漢文体の「立正安国論」原文にある、「先祈国家須立仏法」*54という客の言は、「先ず国家を祈りて、(次いで)須《すべから》く仏法を立つべし」と通例は読まれてきた。

しかし、中尾堯《たかし》氏は、これらの文の前に、同じく客の言として、「夫れ国は法に依つて昌《さか》え法は人に因《よ》つて貴《たつと》し」*55とあることに注目し、これは仏法が国家に超越する意を示していると指摘して、この箇所は「先ず国家を祈らんには、すべからく仏法を立つべし」と読むべきであると述べている*56。これに関しては、佐藤弘夫氏がそれまでの通説を批判して、「客」の立場を見直し、「客」も安国実現に果たす仏法の重要性を十分認識していたのであって、安国のための仏法がなくてはならないものであることは「主人」と「客」の議論の前提であったと論じたことに依拠するならば[57]、中尾氏のように読むことが適切であると思われる。

　ところで、日蓮は客の言として、「汝賤身《いやしきみ》を以て輙《たやす》く莠言《ゆうげん》を吐《は》く其の義余り有り其の理謂《いわ》れ無し」[58]と記しているように、いまだ世に知られることのない三十代の一僧侶として幕府に勘文を提出することが如何に大それたことかを十分理解していたが、破戒僧の怒りを買って刀杖《とうじょう》をもって迫害された覚徳《かくとく》比丘と正法を護持するために戦で死んだ有徳《うとく》王の説話を挙げて、命がけでこの行動に出たことを述べている。[59]『涅槃《ねはん》経』に説かれているように、「若《も》し正法尽きんと欲すること有らん時当《まさ》に是《か》くの如く受持し擁護《おうご》すべし」[60]なのである。それは正法流布こそが「天下泰平国土安穏」を現実のものにできると、日蓮が確信していたからである。すなわち、日蓮は、主人の最後の言にあるように、「汝早く信仰の寸心を改めて速《すみやか》に実乗の一善に帰せよ、然《しか》れば則《すなわ》ち三界《さんがい》は皆仏国なり仏国其《そ》れ衰《おとろえ》んや十方は悉《ことごと》く宝土なり宝土何ぞ壊れんや、国に衰微《すいび》無く土に破壊《はえ》無《なく》んば身は是れ安全・心は是れ禅定《ぜんじょう》ならん、此の詞《ことば》此の言信ず可く崇む可し」[61]として、「立正」[62]があってはじめて「安国」が実現されるという立場に立ったのである。

　しかし、ここに「仏国」もしくは「宝土」とあるように、日蓮は此土の国家や国土を手段化したのではなく、この此土こそが浄土となる可能性を説いて、「此土《しど》の復権」[63]を実現しようとしたのである。であるから、国王による政治も単なる手段ではなく、「宝土」を守りその上に存立する「仏国」の建設そのものであると理解したのではないだろうか。だからこそ、日蓮は此土を離れた浄土を欣求《ごんぐ》する念仏僧の教えを厳しく批判したのであろう。日蓮によると、このような教えが広がるならば、『薬師経《やくしきょう》』と『仁王経』に説かれる「七難」が必ず起こり、人によって築かれた国家が滅亡するだけではなく、国土を含めた自然環境そのものが「破壊し尽くされる」[*64]のである。

結び

インドのマウリヤ朝のアショーカ王（生没年未詳、在位前二六八～二三二年頃）やクシャーナ朝のカニシュカ王（生没年未詳、在位一二七～一五〇年頃）は、地上の国家を仏教の理想国家にしようとしたので、その仏教と国家の関係は「教主王従」であったが、中国に伝わった仏教は「王主教従」の中国社会の伝統の中で、時の君主権に奉仕しかつ祖先崇拝に密着することになったと言われている。[*65]この中国化した仏教が朝鮮半島を経てわが国に伝来したことにより、仏教はその当初より国家と密接な関係を持つことになったのは確かであるが、これまでの通説で論じられたようないわゆる「国家仏教」としてそれを一面的に理解することには、前述したように疑問がある。古代の僧侶は必ずしも僧尼令の規定どおりに宗教活動をしていたのではないことや、天皇や貴族だけではなく地方豪族や民衆の仏教信仰などにも注目して、実際の仏教と国家との関係について考え直していく必要があろう。日蓮もそうした古代の伝統を継承している面があることを考えると、なおさらである。

本章においては、最澄の教えや行動が「鎮護国家」の仏教としてだけでは把握《はあく》しきれないことを指摘したが、最澄の場合は国家の官僧として国家の枠組みの中で行動したこともまた事実である。律令国家が変質し中世国家へと移行し、「仏法王法相依論」が展開された時代を経て日蓮は登場したが、当時の日蓮は比叡山での修学を終えた一僧侶として鎌倉における布教をはじめたのである。しかし、日蓮は天変地異を体験し、その因って来る理由を「守護国家論」にまとめることにより「教主王従」の立場を強め、やがて「立正安国論」提出を断行することによって、言わばアショーカ王らに見られる仏教と国家のあり方に回帰していったと見ることができる。

ただし、日蓮は眼前で繰り広げられる仏教と国家の関係を具に観察していく中で、仏教信仰における国家の意義を積極的に認め、この両者の関係を独自なものとして構築していった。すなわち、日蓮は、『法華経』を中心とする大乗の護国経典を拠り所として、仏教と国家との関係を主従の関係から相即の関係へと捉え直し[66]、「仏国」実現のために国王の責任を重んじたのである。しかも、日蓮は、「守護国家論」では『法華経』『涅槃経』、伝僧肇《そうじょう》の『法華翻経後記《ほんきょうこうき》』および源信《げんしん》の『一乗要決』に依拠して、この「日本国は殊《こと》に法華経の流布す可き処なり」[67]としており、「立正安国論」では北条時頼に有徳王の説話を伝えていることなどを考えると[68]、この日本という国こそが「仏国」となるべきことを構想していたことがわかる[69]。しかし、同時に日蓮は、この国が遭遇《そうぐう》した惨状を直視して、もはや正法の興隆なくしては国家、さらには国土そのものが破壊されることを予言するに至ったのである。

ところで、日蓮が「立正安国論」で論じた「国」「国家」とは何か。勝呂信静《すぐろしんじょう》氏は、「国」「国家」とは今日の一般的な意味としては二つの側面があり、「一つは国家が具現する制度・法律・人倫的秩序などで、それは人類の普遍的な理念にのっとったものとして、真理・道理の形式的な顕現《けんげん》であり、個々の国家を規制する規範であることにおいて、国家の普遍性の方向を指示する。他は生活環境としての国土であって、固有の習俗・伝統・風土的条件を持ち、一般化された制度以前のものとして国家の特殊性・現実性の方向を指示する」として、日蓮の場合は「国家というものを一つの人倫的な体制として捉え、そこに仏法の顕現を認めたといえるようである」が、日蓮が「国土」について述べる時は「抽象的な世界一般というものではなくて、自己に身近な環境、自己がそこに生活している場所を中心にして思考していることが知られる」と述べている。[*70] こうした日蓮の考えは、「立正安国論」上程後の度重なる法難を経験して完成されていくのであり、「立正安国論」ではまだ十分な議論が展開されてはいないが、見てきたように「立正安国」の原理によって此土を浄土とする構想が示されているので、その原型をなす思想が「立正安国論」において形成されたことは確かである。

また、この日本という「国」「国家」の「王」とは誰か。佐藤弘夫氏は、「日蓮は終生、日本の支配秩序の最高位にある人物＝国王は天皇であると考えていた」が、「当時の日本の実質的な支配者とみなしていたのは、武家政権の方だった」として、日蓮は国家支配の頂点にある天皇が「国王」であり、その下で政治の実権を握る鎌倉幕府の執権が「国主」であると明確に区別していたと論じている。[*71]「立正安国論」ではこのような区別が明確になされているわけではないが、「立正安国論」では「法然は後鳥羽《ごとば》院の御宇《ぎょう》・建仁《けんにん》年中の者」[*72]であると記すなど、治天《ちてん》の君として時を支配する上皇を認める一方で、「立正安国論」が最明寺《さいみょうじ》入道、すなわち前執権北条時頼に上程された事実から、[*73]すでにこのような区別を日蓮が意識していたことは確かである。[*74]

日蓮の国家観、国王観の変遷《へんせん》と完成については、詳しくは次の機会に譲ることにして、最後に日蓮が生きた中世鎌倉時代の「国家」に関する歴史学の研究状況について一言したい。[*75]日本の中世史学においては、黒田俊雄氏が提唱した「権門体制論」に代表されるような一つの国家や佐藤進一氏の「東国国家論」に代表されるような二つの国家といった学説が論じられ、さらには高柳光寿《みつとし》のいわゆる「中世無国家時代」[*77]や新田《にった》一郎氏の「中世に国家はあったか」[*78]という問題が提起されてきた。また、新田氏は「中世は古代の明確な否定ではなく、古層の単純な復活でもない。崩壊《ほうかい》することなくなお眼前に健在である古代を重要なリソースとして、古代からの連続性の上に構築されたのである」[*79]として、中世国家の成り立ちを古代との継続性の観点から論じている。

この点は本章で論じた日蓮の思想と行動にも表れているが、そもそも国家をどう定義するかによってこうした議論は振出しに戻る恐れがある。そこで、いまを生きるわれわれにとっては、新田氏が論じるように、「ある構造を『国家』と呼ぶかどうかよりも、その構造が具体的にどのような特質をもっているかのほうが、少なくとも実践的には重要であ[*80]」り、したがって、「共有された規準系・参照枠あるいは拘束《こうそく》としての国家というメカニズムの作用を、われわれの認識構造に照らしてどのように把握《はあく》し、いかにしてわれわれ自身の責任と制御《せいぎょ》のもとにおくかをこそ、考えるべきなのかもしれない[*81]」。

しかし、内橋克人《うちはしかつと》氏が論じたように、現代の問題ではあるが、「多くの先進国、とりわけ北欧の国では、人が生きゆくのに必要な居住空間を保証することをもって国の責任とする[*82]」にもかかわらず、「いまもって私たちの国は、人間の基本的な生存権を保証する社会、政治の構造になっていない。こうした日本社会の欠陥が災害のたびに浮き彫りにされてきた。阪神・淡路大震災から今日の巨大複合災害に至る『変わらぬ日本社会』像を前に、そう問わずに済ますことはできない。国と社会のあり方を根源的に問い直すときがきている[*83]」のである。われわれ日本の国民はいまだにこの国家なるものを「制御」できず、責任ある立場の者はその役割を十分果たしていないのではないか。であるならば、日蓮の国家への提言、そして国主への問いかけは、実は今日的課題でもある。

日蓮の論じる宗教と国家の関係は、経典はすべて仏説であるという鎌倉時代の常識を前提としたものであり、「立正安国論」は地震学をはじめとする近代科学が成立する以前の論理で貫かれているが、[84]戦後日本の復興を先導した南原繁《なんばらしげる》氏がその著『国家と宗教』の「改版の序」（一九五八年八月下旬）の冒頭で書いた、「或《あ》る時代または或る国民が、いかなる神を神とし、何を神性と考えるかということは、その時代の文化や国民の運命を決定するものである」[85]という言や日蓮の「仏法やうやく顛倒《てんどう》しければ世間も又濁乱《じょくらん》せり、仏法は体のごとし世間はかげのごとし体曲《まが》れば影ななめなり」[86]という言を読むとき、仏教とキリスト教との違いを超えて、宗教の持つ重み、そして国家権力と切り結んだ日蓮の精神がいまを生きるわれわれに迫ってくる。[87]

注

*1 法令番号「平成二十三年八月十日 法律第九四号」。『朝日新聞』二〇一一年七月二十六日「社説」参照。東日本大震災に対する国の法政策については、『ジュリスト 二〇一一年八月一―十五日合併号（No.一四二七）―特集・東日本大震災 法と対策―』（有斐閣、二〇一一年）参照。

*2 速水侑『日本仏教史 古代』（吉川弘文館、一九八六年）一六～二七頁。今日の古代史研究においては、一般に国家の成立は七世紀後半で、「日本」の国号や「天皇」号もそのころに採用されたと考えられているので、このような仏教公伝説は再考の余地がある。ただし、都出比呂志氏が、古墳時代を「初期国家」、律令制国家を「成熟国家」と呼んだように、国家をどのように定義するかで、その成立時期は違ってくる（同著『古代国家はいつ成立したか』岩波書店、二〇一一年）。

*3 拙稿「文化と国家について―日韓の文化交流に思う―」（一）・（二）（『学光』一九九四年四月号・同一〇月号、創価大学通信教育部、一九九四年）。

*4 速水・前掲『日本仏教史 古代』二五～二六頁。

＊5　井上光貞監訳『日本書紀』下（中央公論社、一九八七年）参照。

＊6　井上光貞『日本古代国家の研究』（岩波書店、一九六五年）、同『日本古代の国家と仏教』（岩波書店、一九七一年）、田村圓澄『飛鳥仏教史研究』（塙書房、一九六九年）、同『日本仏教史 一 飛鳥時代』（法藏館、一九八二年）、同『法華経と古代国家』（吉川弘文館、二〇〇五年）等参照。

＊7　吉田一彦『日本古代社会と仏教』（吉川弘文館、一九九五年）、曾根正人「奈良仏教の展開」（末木文美士編『新アジア仏教史 一一 日本Ⅰ 日本仏教の礎』佼成出版社、二〇一〇年）参照。

ここでは国家による仏教統制を規定した僧尼令について一瞥する。吉田一彦氏は前掲書において、僧尼令の運用と効力について論じ、僧尼は僧尼令の規定通りに行動していたのではないことを実証して、「日本古代社会において、僧尼はかなり自由に独自の宗教活動を展開した、またしえた…（中略）…このことは結局、古代国家の基本宗教政策が仏法興隆にあったということから説明される…（中略）…古代国家にとって、仏法は尊重されるべき宗教規範であった。僧尼令という法規範も、宗教規範の前には、無力になることがあった」（五九頁）と結論している。また、かつて牧健二氏は、「我が中世の寺院法に於ける僧侶集会」（一）・（二）（『法学論叢』第一七巻第四号・同第六号、一九三一年）において、僧尼令の下にあっても僧尼が仏法に依拠して自治制度を発展させ、中世には国法ではなく自治法規として諸大寺で僧侶集会における慣習法が形成されたことを論じている。牧氏の研究については、拙著『近世浅草寺の寺法と構造』（創文社、二〇〇八年）八七～九〇頁参照。

＊8　上川道夫氏は『日本中世仏教形成史論』（校倉書房、二〇〇七年）において、戦前から使われた「国家仏教」という概念の変遷を論じてから、狭義の仏教史に限定されない全体史の一環として、古代仏教史像の再編成の必要を、石母田正、黒田俊雄の両氏の学説を通して論じ、「国家仏教」は黒田氏の言う「顕密体制」のような体制仏教の段階には来ていないとして、「定説としての『国家仏教』論には、概念構成の曖昧さや実態認識の不正確さがあり、日本古代の仏教を独自に理解する上で、あまり有効でない」と結論した。

＊9　本章ではこうした国家論そのものについて詳しく論じる余裕はないが、萱野稔人氏が、「現代の国家形態が、国家を思考する仕方にまで影響をあたえている。国家のあり方が、それを思考する枠組みをも規定するのだ」（『国家とはなにか』以文社、二〇〇五年、一四一頁）と述べていることを記しておきたい。

＊10『伝教大師全集』第一（日本仏書刊行会、一九六六年）一〜三頁。以下、『伝全』と略称。
＊11 本書第五章「最澄の真俗一貫思想」（初出『第三文明』一九九一年八月号、第三文明社）参照。
＊12 本章では、南都仏教の「鎮護国家」、次章で論じる最澄の「守護国界」、これらを継承、発展させた日蓮の「守護国家」・「立正安国」という系譜を論じる。その上で、「国家仏教」という概念を再考して、宗教と国家の関係を論じるのは今後の課題である。
＊13 本書第六章「伝教大師最澄の僧俗観と国家—『顕戒論』を中心に—」（初出『東洋哲学研究所紀要』第七号、二七〜二八頁、一九九一年）参照。
＊14『伝全』第一、所収。
＊15 前掲「伝教大師最澄の僧俗観と国家—『顕戒論』を中心に—」。
＊16 同右。ただし、最澄は国家権力を単に手段化したのではなく、「顕戒論縁起」では、「妙法難伝。暢其道者聖帝」（『伝全』第一、二八二頁）と述べ、法華円教はこれに帰命した国王によって弘められるとし、「顕戒論」では「桓武皇帝哀愍彼　一円法雨降延暦　円教法泉開心地　円機衆生得見水」（明拠五八、『伝全』第一、一九七頁）と述べ、実際に桓武天皇によって妙法の興隆がなされたとしている。なお、最澄は「山家学生式」の三式文の一つ「天台法華宗年分度者回小向大式」に、菩薩を「国宝」と呼ぶことは『法華経』を拠り所としていることを記している（『伝全』第一、一九頁。壬生台舜『叡山の新風—山家学生式・入唐求法巡礼行記—』筑摩書房、一九六七年参照）。竹田暢典氏は、「伝戒と護国との相即」に最澄の護国思想の特質があると論じている（「日本天台における伝戒護国の思想」塩入良道・木内堯央編『伝教大師と天台宗』吉川弘文館、一九八五年）。
＊17 ニーチェが『ツァラトゥストラ』（原題 Also sprach Zarathustra）第2部「大いなる出来事について」で使った言葉。「大いなる出来事」とは、ニーチェにとっては彼の生きた動乱期の背後にある歴史的必然性としてのニヒリズムを意味する。筆者はこのニーチェの言葉をアナロジーとして用い、天変地異を出来させる歴史的必然性としての末法を表現しようとした。
＊18 前掲「伝教大師最澄の僧俗観と国家—『顕戒論』を中心に—」。
＊19『法華経』と「真俗一貫」の関係については拙稿・前掲「最澄の真俗一貫思想」参照。

＊20　道端良秀「大乗戒壇と菩薩僧」（天台学会編『伝教大師研究』一九七三年）参照。

＊21　曽根正人氏は、最澄の天台宗は国家仏教内で優遇を受けて特異な位置を占めるべきだという理想を終始持っていたことを指摘している（「最澄と国家仏教」平岡定海編『論集日本仏教史　三　平安時代』雄山閣出版、一九八六年）。

＊22　前掲「伝教大師最澄の僧俗観と国家―『顕戒論』を中心に―」でも触れたが、井上光貞氏は以下に論じる「山家学生式」のうち、「六条式」、「八条式」は延暦二五年（八〇六）の年分度試制に関する法令（格）に則る細則（式）にあたるものであるとし、「四条式」とその内容を敷衍した「顕戒論」が南都仏教とは異なる円戒の内容と意義を具体的に示したものであると論じている（前掲『日本古代の国家と仏教』九九～一〇四頁）。

＊23　日蓮の遺文の引用については、堀日亨編『日蓮大聖人御書全集』（創価学会、一九五二年。以下、『御書』と略称）と立正大学日蓮教学研究所編『昭和定本日蓮聖人遺文』全四巻（身延山久遠寺、一九五二～一九五九年。本章では一九九一年改訂増補第二刷を用いた。以下、『定遺』と略称）の両書の頁数を併記した。引用文は『御書』によった。「本門の戒壇」については「報恩抄」『御書』三二八頁、『定遺』一二四八頁。

＊24　前掲「最澄の真俗一貫思想」参照。

＊25　『伝全』第一、一五頁、『伝全』第二、一五一頁。壬生台舜『最澄のこころ』（大蔵出版、一九八七年）一九四～一九五頁参照。

＊26　「四条式」では、『仁王経』に依拠して、まだ起きていない「大災」を未然に防ぐのが国を守る「国宝」としての菩薩僧であることが述べられている（『伝全』第一、一九頁）。最澄はまだ「大災」が起きていないとしており、日蓮の災害体験との違いが注目される。

＊27　高木豊「鎌倉仏教における国土の意識」（『鎌倉仏教史研究』岩波書店、一九八二年）二八二～二八三頁。

＊28　同右、二九二頁。

＊29　佐藤弘夫『日本中世の国家と仏教』（吉川弘文館、一九八七年）一七四～一七八頁。

＊30　佐藤弘夫「仏法王法相依論の成立と展開」（同著『神・仏・王権の中世』法藏館、一九九八年）参照。佐藤氏は、さらに日蓮が登場する直前の十三世紀初頭には、階級的利害を同じくする権門寺院全体が共同して、専修念仏という異端の排撃と自らの権益保全を要求するタイプの「仏法王法相依論」が出現したと論じている。

＊31　周知のように、「立正安国論」の日興書写本には「天台沙門」との署名がある。

＊32　小松邦彰「守護国家論の一考察」（中尾堯・渡辺宝陽編『日蓮聖人と日蓮宗』吉川弘文館、一九八四年）参照。

＊33『御書』四六頁、『定遺』一〇〇頁。「末法灯明記」（『伝全』第一、所収）の最澄撰述についてはその真偽が問われているが、日蓮が最澄の言を一つの拠り所として末法の自覚を持ったことに疑問を差し挟む余地はない。最澄は「守護国界章」巻上之下（『伝全』第二）で、「正像稍過已。末法太有近。法華一乗機。今正是其時」（三四九頁）と記しており、日蓮は後に「和漢王代記」に、伝教大師は天台の後身であるとして「守護国界章」のこの文を引用している（『御書』六一一頁、『定遺』二三五四頁）。なお、日蓮は自身と最澄との関係について、「されば日蓮が法華経の智解は天台・伝教には千万が一分も及ぶ事なけれども難を忍び慈悲のすぐれたる事は・をそれをも・いだきぬべし」（「開目抄」『御書』二〇二頁、『定遺』五五九頁）、または「三国四師」（「顕仏未来記」『御書』五〇九頁、『定遺』七四三頁）と規定しているが、これらは佐渡流罪後のことである。

＊34　これまでに「立正安国論」に関する数多くの研究が蓄積されている。佐藤弘夫・全訳注『日蓮「立正安国論」』（講談社、二〇〇八年）の「『立正安国論』解説」、「引用・参考文献一覧」参照。

＊35　鴨長明・山田孝雄校訂『方丈記』（改版第五〇刷、岩波文庫、一九七五年）五五～五六頁。長明が記した地震が元暦二年の大地震であることについては、簗瀬一雄『方丈記解釈大成』（再版、大修館書店、一九八七年）一一七～一一八頁参照。

＊36　同右、四六～四七頁。

＊37　黒板勝美・国史大系編修会編『新訂増補国史大系　第三三巻　吾妻鏡・後編』（吉川弘文館）。

＊38『御書』三三頁、『定遺』四二一頁。

＊39『御書』一七頁、『定遺』二〇九頁。

＊40　佐藤弘夫・小林正博・小島信泰『日蓮大聖人の思想と生涯』（第三文明社、一九九七年）三三～三四頁。

＊41　同右、四〇～四一頁。

＊42『定遺』一四頁。

＊43『御書』六〇頁、『定遺』一一六頁。

＊44　平雅行氏は、中世は「仏教の時代」であるとして、「仏教が社会や国家をその根元において支えていた以上、社会

批判や国家批判は仏教批判として提起されない限り、批判は批判として完結しません。仏教の時代における現実世界への根源的批判は、やはり仏教の形をとらざるをえないのです」(「専修念仏とその時代」『親鸞とその時代』法藏館、二〇〇一年、五三頁)と述べ、日蓮に限らず鎌倉時代の多くの思想家たちが仏教の教えを厳しく問い直した理由を論じている。なお、本章では日蓮以外の鎌倉時代の宗教者について論じることはできなかった。他の機会を期したい。


*45『御書』五九頁、『定遺』一一五頁。

*46『御書』五八～五九頁、『定遺』一一四頁。

*47『御書』七八頁、『定遺』一六三～一六四頁。

*48 ただし、「立正安国論」は時頼に宛てた勘文として国王の役割が強調されているのであって、日蓮は「守護国家論」で『法華経』に依拠して一乗こそ「真実の理」(『御書』五五頁、『定遺』一一〇頁)であるとしているように、王も民も同じ衆生として成仏する点において差別はないことを前提としている。佐渡流罪赦免後に身延で書かれたものであるが、「一谷入道御書」には、「此の国の人人は一人もなく教主釈迦の御弟子・御民ぞかし」(『御書』一三二八頁、『定遺』九九二頁)と記されている(平雅行「中世仏教の成立と展開」同著『日本中世の社会と仏教』塙書房、一九九二年参照)。戸頃重基氏は、千葉県中山法華経寺所蔵の「立正安国論」真筆を検証して、そこで用いられている「国」という文字は、「國」「国」「囻」などが使い分けられているが、「囻」という文字も反復して用いられているとし、これは「上野殿御返事」にある、「王は民を親とし民は食を天とす」(『御書』一五五四頁、『定遺』一六二一頁)という民本思想を背景とするもので、封建時代の為政者の目から見ると大変不快な文字であったに違いないと論じている(「日蓮にとって国家及び天皇とは何か」(同著『日蓮教学の思想的研究』冨山房、一九七六年)。

*49『御書』七九頁、『定遺』一六四頁。以上の「守護国家論」および「災難対治抄」に引用された『仁王経』の経文は、「立正安国論」にも引用されている。

*50『御書』二六頁、『定遺』二二〇頁。

*51『御書』三一頁、『定遺』二二四頁。

*52『御書』三一頁、『定遺』二二五頁。

*53『御書』二六頁、『定遺』二二〇頁。

*54 『定遺』二二〇頁。
*55 『御書』二六頁、『定遺』頁二二〇。
*56 中尾堯『読み解く「立正安国論」』(臨川書店、二〇〇八年)一七九頁。
*57 佐藤弘夫『日蓮―われ日本の柱とならむ―』(ミネルヴァ書房、二〇〇三年)一〇四～一〇六頁。これより先、佐藤氏は、「安国に果たす仏法の重要性を前提とする主客が、立正の具体的内容について意見を闘わせるところに『立正安国論』の中心テーマが存したのである」(「『立正安国論』考」『日本史研究』第三〇四号、一九八七年、五五頁)と論じている。
*58 『御書』二六頁、『定遺』二一九頁。
*59 『御書』二八頁、『定遺』二二一～二二二頁。
*60 『御書』二九頁、『定遺』二二三頁。
*61 『御書』三二頁、『定遺』二二六頁。
*62 佐藤弘夫氏は、「立正」とは、旧仏教を衰退させる元凶である法然の専修念仏を禁止する立場からは、天台宗をはじめとする伝統教団を保護し興隆させることに他ならなかったが(「初期日蓮の国家観―鎌倉旧仏教との比較において―」『日本思想史研究』一〇、一九七八年参照)、この目標が実現した次の段階では、「実乗の一善」、すなわち最高の教えである『法華経』を選び取ることであり(前掲「『立正安国論』解説」、「近代の歴史学と『立正安国論』―日蓮における二つの「立正安国」の論理―」『福神』一四、二〇一〇年参照)、「立正安国論」はこの二つの段階とも説いていると論じている。
*63 高木・前掲「鎌倉仏教における国土の意識」二九〇頁。高木氏はまた、「日蓮はすでに初期の述作である『守護国家論』において、とりわけ『法華経』寿量品の「我(仏)常在此娑婆世界」等の文に拠りながら、「法華涅槃修行者所住処可想浄土。何煩求他処乎」「信法華・涅槃行者非可求余処。信此経人所住処即浄土也」、『法華経』の「至寿量品実定浄土、此土即定浄土了」と此土即浄土を主張して、浄土教の西方浄土を瓦礫の土として否定している」(同頁)とも述べている。中尾・前掲『読み解く「立正安国論」』二三九頁。
*64 中尾・前掲『読み解く「立正安国論」』八〇頁。

*65 速水・前掲『日本仏教史 古代』一〇～一三頁。ただし、アショーカ自身は仏教の在俗信徒であったが、他宗派も尊重した普遍的な倫理に基づいた政治を行ったこと、カニシュカと仏教との関係には多分に伝説が含まれていることに注意しなければならない（古井龍介「古代の歴史と社会」奈良康明・下田正弘編『新アジア仏教史一　インドⅠ　仏教出現の背景』佼成出版社、二〇一〇年参照）。なお、後のことであるが、日蓮はアショーカを「阿育大王」という尊号で何度も記し、仏教を信奉した賢王であると讃嘆している。

*66 佐藤弘夫氏は、いわゆる「国土即仏土論」は単一の理念ではなく、三つの類型があるとして、日蓮の場合は佐渡流罪以前においては天台本覚法門がその思潮の頂点に位置する、此土と浄土を一元化する「第一類型」的なものであったと論じている（「中世仏教における仏土と王土」同著・前掲『神・仏・王権の中世』参照）。

*67 『御書』七一頁、『定遺』一二八～一二九頁。戸頃・前掲「日蓮にとって国家及び天皇とは何か」、市川浩史「『捨てられた』国・日本―明恵、日蓮そして虎関師錬―」（大隅和雄編『中世の仏教と社会』吉川弘文館、二〇〇〇年）、同「日蓮と『日本国』」（佐々木馨編『日本の名僧　一二　法華経の行者　日蓮』吉川弘文館、二〇〇四年）参照。

*68 中尾・前掲『読み解く「立正安国論」』一九九頁。

*69 後の「開目抄」に、「我日本の柱とならむ我日本の眼目とならむ我日本の大船とならむ」（『御書』二三二頁、『定遺』六〇一頁）とあり、「如来滅後五五百歳始観心本尊抄」に、「一閻浮提第一の本尊此の国に立つ可し」（『御書』二五四頁、『定遺』七二〇頁）とあるように、日蓮が生きたこの日本という具体的な国が注目されている。日蓮はなぜここまで日本という国にこだわったのかといった問題など、日蓮の日本観については次の機会に詳しく論じたい。

*70 勝呂信静「日蓮の国家観」（日本仏教学会編『仏教における国土観』平楽寺書店、一九九三年）二六七～二六八頁。

*71 佐藤・前掲『日蓮―われ日本の柱とならむ―』七四～七五頁、九五～九六頁。同「日蓮の天皇観」（同著・前掲『神・仏・王権の中世』）参照。

*72 『御書』二五頁、『定遺』二一九頁。

*73 「立正安国論奥書」『御書』三三頁、『定遺』四四三頁。日蓮が東国出身者であることなども考慮に入れる必要があると思われる。

*74 さらに日蓮は、勝呂氏が論じているように、「真の権威的存在として仰ぐのは世俗を超越した仏界の釈尊であり、

釈尊こそこの世における真の国王・国主に相当するものである」（前掲「日蓮の国家観」二六六頁）という考えに到達するが、これは後のことである。

*75 黒田俊雄『日本中世の国家と宗教』（岩波書店、一九七五年）、同『黒田俊雄著作集 第一巻 権門体制論』（法藏館、一九九四年）参照。「権門体制論」とは、公家、武家、寺社は対立しながらもそれぞれの役割を分掌し、天皇を頂点とする一個の国家を構成していたとする学説。

*76 佐藤進一『日本中世史論集』（岩波書店、一九九〇年）、石井進『日本中世国家史の研究』（岩波書店、一九七〇年）参照。「東国国家論」とは、西国の朝廷に対する東国の鎌倉幕府に別個の国家としての可能性を見いだそうとする学説。

*77 高柳光寿「中世史への理解―国家組織の発達について―」（『日本歴史』第八～一〇号、一九四七～四八年）参照。「中世無国家時代」とは、中世にはいまだ近世のような統一的な国家は存在していないとする学説。

*78 新田一郎「日本中世の国制と天皇―理解へのひとつの視座―」（『思想』第八二九号、一九九三年）、同『中世に国家はあったか』（山川出版社、二〇〇四年）参照。

*79 新田・前掲『中世に国家はあったか』八四～八五頁。

*80 同右、九七頁。

*81 同右、一〇〇頁。

*82 内橋克人「序のことば」（同編『大震災のなかで―私たちは何をすべきか―』岩波新書、二〇一一）vi。

*83 内橋・前掲「序のことば」ix。

*84 上原專祿氏は、日蓮は他の鎌倉仏教の諸師とは違って、災害や政治問題を「まっこうから信仰につながる問題として」（「日蓮を現代にどう生かすか」『上原專祿著作集第二六巻 経王・列聖・大聖―世界史的現実と日本仏教―』評論社、一九八七年、二七一頁）受けとめたことを指摘したが、同じく上原氏が論じたように、当時の政権自体も直面する諸問題の解決のためにやはり宗教的方法を考慮に入れていたことに注意する必要がある（「日蓮、殊にその法華経観」前掲『上原專祿著作集第二六巻』三七一頁）。すなわち、日蓮が生きた当時は、政教が分離された今日とは時代状況がまったく違うのである。しかし、上原氏は「衆生をして速かに仏身を成就することを得せしめん」という釈迦の誓願に実践的な解答を出そうとした日蓮に注目して（「誓願論―日蓮における『誓願』の意識―」同著『死

者・生者―日蓮認識への発想と視点―』未来社、一九七四年、九六～九八頁)、「歴史的・政治的に、現実の問題から離れた所において、自己の安心を確立してゆく、あるいは自己の往生を願ってゆく、いわば個別主義の立場」(「日蓮聖人と現代」前掲『上原専祿著作集第二六巻』二九一～二九三頁)ではなく、「具体的な歴史の現実のなかで生みだされてくる諸問題を、どう仏教の立場でこなしていくかという問題を考えた」(前掲「日蓮を現代にどう生かすか」二八二頁)日蓮を評価している。この立場から上原氏は、例えば現代の公害のような歴史的・社会的な問題に対して超然としている宗教者に厳しい目を向けている(前掲「誓願論―日蓮における『誓願』の意識―」一二四～一二七頁)。

＊85　ここでは『南原繁著作集第一巻』(岩波書店、一九七二年)三頁から引用した。

＊86「諸経と法華経と難易の事」『御書』九九二頁、『定遺』一七五二頁。

＊87　本章は東日本大震災直後の停電の渦中、東京の自宅で灯した蝋燭の下で書いたプロットを形にしたものである。実際に筆を執ったのは二〇一一年の八月からであるが、あのとき手元もよく見えないながらも、長らく経験したことのない静寂がささやかな着想を与えてくれたことをここに記しておきたい。加えて本章の脱稿直前、台風一二号(二〇一一年九月三日上陸)が紀伊半島を中心に甚大な被害を残したことも記しておく。国家のあり方が問われている今日、そして天変地異という人知を超えた驚異に国民が慄く今日、「宗教と国家」との関係を考えることはもはや避けて通れない。

コラム3 「鳥獣戯画」と日本の仏教

二〇〇七年の暮れ、サントリー美術館の開館記念特別展「鳥獣戯画《ちょうじゅうぎが》がやってきた!」を見に、東京都内の六本木《ろっぽんぎ》に行った。国宝「鳥獣人物戯画絵巻」とその系譜上の作品が一堂に会した展覧会には、海外から里帰りした作品も展示されていて、遮光《しゃこう》が施《ほどこ》された仄暗《ほのぐら》い会場の中は多数の来場者の熱気に包まれていた。

待望の国立新美術館が誕生し、このサントリー美術館が東京ミッドタウンにオープンしたので、六本木ヒルズの森美術館と合わせて、そこは最近「六本木アート・トライアングル」と呼ばれているらしい。上野に次いで、首都圏の真ん中に美の拠点が現れたことはほんとうに喜ばしい。読者の皆様にも、東京に来られる機会があれば、足をのばしてみることをお勧めしたい。筆者もその日、サントリー美術館から徒歩数分のところにある国立新美術館で、話題のフェルメール作「牛乳を注ぐ女」を鑑賞することができ、「六本木アート・トライアングル」のすばらしさを実感した。

さて、歴史の教科書にも出てくる「鳥獣戯画」は、人物も描かれた絵巻物なので正式には「鳥獣人物戯画絵巻」と言うが、やはりそこでの主役はユーモラスな鳥や獣たちである。蛙《かえる》が兎《うさぎ》と相撲を取ったり、猿が兎に追っかけられている図は、誰でも一度は見たことがあるにちがいない。かつて手塚治虫《てづかおさむ》が、「鳥獣戯画」はアニメーションの原点であると発言したこともよく知られている。今回、じっくり実物を最初から最後まで見てきたが、何といってもおかしかったのは、葉っぱの蓮台《れんだい》に乗り釈迦像をまねて印《いん》を結んだ蛙の本尊に向かって、袈裟《けさ》を着た猿が眠《ねむ》気《け》眼《まなこ》で経を唱えている図であった。来館者はみな神妙な顔をしてこの図を見ていたが、筆者は思わず笑ってしまい、声を押し殺すのに一苦労した。

実はこの「鳥獣戯画」、鎌倉時代の華厳《けごん》宗の僧・明恵《みょうえ》が開いたことで有名な京都栂尾《とがのお》の高山寺《こうざんじ》が所蔵する絵巻物である。明恵は時の執権北条泰時《やすとき》に教えを説いたと伝えられる人物であるが、彼は二十四歳の時、如来のあとを踏むことを決意し、その後、人前に出られなくして修行に徹するために自らの耳を切り落としたという謂《いわ》れで知られている。この深山《しんざん》に佇《たたず》む明恵の姿と「鳥獣戯画」の図とは、一見相容《あいい》れないもののように思われる。

ところで、人びとに愛される「鳥獣戯画」ではあるが、かつての研究者たちの論議にもかかわらず、その作者は誰なのか、主題は何か、そしてどのような経緯で描かれたのかといった、作品の基本をなす問題がまだ決着をみていないらしい。鳥獣の姿を通して人や社会を風刺《ふうし》しているという考えもあるが、そうであるならば筆者が笑った図などは仏教の退廃、もしくは当時の人びとが深く信じた末法の世の到来を描いていると言えるのかもしれない。しかし、筆者の眼にはそうとは映らなかった。伸びやかな筆遣《づか》いや、鳥獣たちの明るい表情は、そうした穿《うが》った見方を跳《は》ね除《の》けているように思えてならない。

確かに、社会風刺《ふうし》の一面もあったのかもしれないが、そこに描かれているのは子供のように無邪気な鳥獣の姿であり、そこからは彼らを微笑《ほほえ》ましく見つめる作者の眼差しと遊び心が感じられてしかたがない。おそらくこうした図は、他の宗教世界ではとても考えられないものなのではないだろうか。もしかすると、信仰の冒瀆《ぼうとく》と受け止められてしまうかもしれない。ましてや、国宝になることなどないだろう。異国の教えであった仏教を易々《やすやす》と受け入れたこの国だからこそ、ありえたことなのであろうか。

釈迦によって説かれ始めた仏教は、やがて大乗仏教としての形を整え、中国から日本に伝わる歴史のなかで鳥獣どころか山川草木《さんせんそうもく》にまで仏性を見て取る教えをかたち作り、日本の鎌倉仏教に至ってその極致《きょくち》を迎えたという考えがあるが、その底流には法華経の会座《えざ》のように、人や人でないものまで寄り集まって共に生きるというこの国の古来のあり方が広がっていたように思われる。自然や鳥獣を人の外なる環境として征服や食の対象としてのみ見るということのない伝統が、仏教の教えによって深められたのであろう。仏教の説く不殺生戒《ふせっしょうかい》が、輪廻転生《りんねてんしょう》の感覚をともなって、「ひととひと以外の動物との基本的な区別を否定する傾向を持った」と指摘する研究者もいる。人と鳥獣との境を越え、聖俗の差別に囚《とら》われない日本の仏教の沃野《よくや》は、傷ついた人と時代を受け入れ新たな命を育《はぐく》む可能性に満ちていると思われるが、最近、先端の科学者たちが、人も粒子《りゅうし》によってできていて宇宙と一つづきであるという知見を表明したり、生物と無生物のあいだを探求して生命の神秘を語っている事実などは注目に値する。

ただし、私たち普通の人びとに、際限なく広がる日常の物質的欲望を見つめ直す転機が訪れなければ、何もはじまらないだろう。フランスの美術史家ルネ・ユイグ氏は、人間以外の〝他のもの〟が物質的環境にかわると、欲望は本能のままの低俗なかたちをとると警告している。氏は、「物質の世界に向けさせる欲望以外の欲望」を人間に与えることなしにはこの治療はできないとして、そのための出発点に芸術との出会いを置いている。「鳥獣戯画」をはじめとする美の世界は、その一つの転機をかならずもたらすに違いないと、明恵の姿を思い描きながら、帰り道、暮れ行く六本木で考えた。

【参考文献】

サントリー美術館編『鳥獣戯画がやってきた！―国宝『鳥獣人物戯画絵巻』の全貌―』（サントリー美術館・読売新聞社、二〇〇七年）

福岡伸一『生物と無生物のあいだ』（講談社、二〇〇七年）

柳澤桂子・堀文子『生きて死ぬ智慧』（小学館、二〇〇四年）

塚本学『生きることの近世史―人命環境の歴史から―』（平凡社、二〇〇一年）

ルネ＝ユイグ・池田大作『闇は暁を求めて―美と宗教と人間の再発見―』（講談社、一九八一年）

第八章——檀家制度とその弊風

(1)幕府の庇護うけ庶民監視の機構へ

六世紀の仏教公伝より平安時代末期に至るまで、仏教は朝廷や貴族を中心に信奉され、寺院はそのほとんどが国家の祈願寺《きがんじ》か貴族の菩提寺《ぼだいじ》であった。

鎌倉・室町時代には、庶民の仏教信仰が盛んになってはいるが、すべての人々が寺院の檀家《だんか》であったわけではないし、また寺院も今日のように主として葬式や年忌《ねんき》法要などを執り行うために存在したのでもない。

江戸時代においてなされた、キリスト教禁制を契機とした、寺院による庶民の掌握《しょうあく》という幕府の宗教政策、いわゆる檀家制度の確立によって、はじめてすべての庶民が仏教との関係を持つようになったのである。

本章では、この檀家制度が成立した時代背景とそのもとにあった僧俗の実態を明らかにし、最後に日蓮の僧俗観を通して、僧俗のあるべき姿について考えてみたい。

宗旨人別帳の作成

室町時代後期、織田信長《おだのぶなが》は、武力によって寺院勢力を完全にその支配下においた。

江戸幕府もこうした方針を受け継いでいったが、将軍権力の絶対化を企《くわだ》てた幕府は、「島原の乱」などにおいてその反幕府的な脅威が示されたキリスト教思想を容認することができず、これを弾圧していくが、そのために幕府は全国の寺院に「宗門改め」をさせるという方法で臨んだ。すなわち、寛永《かんえい》十二年（一六三五）の寺請証文《てらうけしょうもん》（寺院が作成した、キリスト教徒でないことを証明した証文）の作成を手始めに、庶民は特定の寺院の檀家として掌握されていった。寺院は、その見返りとして幕府より土地を与えられ、領主としての地位を確保できたのである。

ところが、一方で、寺院は、幕府によって推進された、各宗本山を頂点とする寺院の封建的支配機構、いわゆる「本末制度」のなかに組み込まれ、本山への上納金を強要されたことから、葬祭等を名目とする庶民からの供養に多くを頼って生計を立てねばならなくなった。

このように、庶民と仏教との出合いは幕府権力によって半強制的になされたのであり、しかもそれは信仰を無視した、幕府の支配に都合のよい形式的なものであった。

なお、この「本末制度」の下にあっては、各宗派の勢力分散や社会秩序の維持などの理由によって、宗教の生命とも言うべき「布教」が事実上、禁じられてしまったのである。しかし、幕府の保護を受け、いわば国教としての地位を築けた各宗派は、こうした幕府の政策を甘受《かんじゅ》していったのである。

(2) 僧俗に封建的身分関係もちこむ

さて、キリスト教徒はその生を保証されなかったことからわかるように、寺院の有する「宗判権（その者の宗教を判定する権利）」は、庶民に対する生殺与奪《せいさつよだつ》の権に等しかったから、一般に寺院はこれをかさに着て一方的な檀家支配を繰り広げていった。

また幕府が、庶民支配をより厳重にするため、出生・死亡・婚姻・転居などの信徒の状況を記載する宗旨人別帳《しゅうしにんべつちょう》の作成を命じ、寺院は証明の印形《いんぎょう》を押すことになったので、寺院は、いわば幕府の庶民支配の御用機関としての役目を果たすこととなった。こうして寺院の宗教的かつ社会的自立は奪われていった。

ところが、一方で、寺院は、年忌法要、塔婆《とうば》供養、戒名《かいみょう》の命名を独占することが認められたので（神道側ではこれを羨《うらや》み、神葬祭運動を起こしたほどである）、経済的には安定していった。

当然、庶民の目には、こうした寺院の姿は、幕府による思想統制機関であると同時に、自らを搾取《さくしゅ》する存在として映っていったのである。

ただし、一面では、寺院の葬式仏教化は、前時代から高まりつつあった祖先崇拝《すうはい》（幕府の儒教教育の影響も考慮しなければならないが）や、死後の往生《おうじょう》という庶民の側の願望によって定着していったことも事実である。

しかし、何よりも僧侶自身が、庶民に対する優位な立場を利用し、自ら俗化《ぞくか》して富者《ふしゃ》になる道を選び、庶民の信仰心を踏みにじっていった経緯を見逃してはならない。やはり権力に服従し、身分の安定と経済的保証を受けることによって、宗教とは堕落《だらく》していくものなのであろうか。

法要、塔婆、戒名で収奪し堕落

このように、檀家を経済源とした僧侶の堕落は目に余るようになり、檀家の搾取ばかりか寺院における博打《ばくち》や女犯《にょぼん》などが明るみに出、幕府の考える社会秩序を乱すほどになってきたため、幕府は、寛文《かんぶん》五年（一六六五）の「諸宗寺院法度《はっと》」をはじめとする諸法令を定めて、僧侶による理不尽な檀家支配を禁じ、出家としてあるべき生活を送るように命じていった。

しかし、寺院側はそれに従おうとはせず、幕府法令の形式を持つ「宗門檀那請合之掟《だんなうけあいのおきて》」（慶長《けいちょう》十八年〈一六一三〉五月の布達と記されるが、実際は一六九一～一七〇〇年ごろに作成されたとみられている）を偽作《ぎさく》し、これを根拠として自らに都合のよい檀家支配を続けていった。幕府もこれを取り締まりきれなかったとみえ、その証拠に当時から存在した寺院の大半には今日でもこの文書が残されている。

これには、例えば、

先祖の年忌に僧の弔《とむらい》をうけず、当日は宗門寺へ一通りの志をのべ、内証にて俗人打ち寄り、弔僧の来る時は、無興《ぶきょう》にて用いず、よって吟味《ぎんみ》をとぐべきこと（年忌には僧を家に招かねばならず、僧が訪ねてきたら相応のもてなしをすべきであり、それがない時は邪宗門か否かの吟味が必要〈取意〉）

との規定があるように、いかに檀家が僧侶の経済源として考えられていたかが理解できる。

江戸時代の文献には、こうした僧侶の堕落について記述したものが枚挙《まいきょ》にいとまがないほど残されているが、その一例を引いてみるならば、当時を代表する思想家であった荻生徂徠《おぎゅうそらい》は、その著『政談』の中で、

いまは諸宗ともすべて袈裟《けさ》が派手である。そのために金が必要になり自然と金銀をあつめることが巧《たく》みで、教えに背《そむ》くことが多い。年忌というのは経文にはないことである。引導《いんどう》し戒名を付け、遺体を寺に埋葬《まいそう》することは仏法にないことである。（…中略…）戒名の付けかたはとくにひどく、それによって上下の階級ができ、いい戒名をもらおうと世間の人々の出費が多い。そのほか、諸宗の規則も、いまは乱れて、我が宗に無く他宗のことであっても、収入のために執り行っているのである」（現代語訳）

と述べ、僧侶達が金に目がくらみ、仏教本来の教えから逸脱《いつだつ》した行為を重ねていることを指摘し

ている。僧侶は庶民の信仰心を冒瀆《ぼうとく》していたのである。

以上に述べた寺檀関係や葬式などの儀式・風習は今日に至るまで、形を変えながらも生き続けていることは周知のとおりである。

戦後の日本仏教史研究をリードした辻善之助は、大著『日本仏教史』の結語において、仏教界の一部分には今日においても江戸時代の姿をそのまま保存しているものがあり、貴族化した各宗本山の成り上がりぶりは今日なおよく残されている場合があり、我々に活きた史料を提供していると記している（『日本仏教史』第十巻、四九六頁、一九五五年）。

(3)「我が一門」と呼んだ日蓮

ところで、そもそも檀家とは、檀那と同義で古代インド語のダーナパティの音写から転じた語で、もともとは寺院、僧侶を供養する施主《せしゅ》という意味をもつ仏教用語である。

江戸時代以前のわが国においても当然その存在を認めることができるが、あらゆる庶民が信仰とは無関係に、一個人としてではなく家として形式的に一定の寺院と関係し、葬祭を執行してもらう一方で、強制的に布施をさせられている檀家制度は、江戸時代に至って初めて成立したと言わねばならない。

したがって、例えば鎌倉時代の日蓮が生きた時代には、江戸時代におけるような意味の檀家は存在していなかった。信徒は当初、〝家〟としてではなく、それぞれの信者、すなわち一檀那として日蓮の教えを受けていたのである。

教線が広がるにつれ、日蓮から直接ではなく日蓮の弟子の教化によって檀那となる人々が生まれていくが、この弟子と檀那の関係は決して封建的な上下関係にあったわけではない。

当然、出家と在家の相違はあるが、両者は法を弘めることとそれを経済的に支援することというお互いの役割を果たすことによって、強い信頼関係で結ばれていたのである。いずれの一方が欠けても両者は信仰生活を送ることができなかった。

日蓮は、こうした弟子・檀那を「我が一門」（『御書』一二二一頁、一〇九六頁など）と呼び、両者を一体とみて、その異体同心の信心があってこそ他宗や当時の鎌倉幕府権力からの迫害を乗り越え、正法流布の闘いを展開していけることを教えたのである。

この「一門」という弟子・檀那の総称は『御書』の随所にみられるが、さらに日蓮は同じ意味の呼び名として、「門家《もんけ》」（同九七〇頁など）、「一類」（同一四六三頁など）、「わたうども《和党共》」（同九一一頁）などを用いている。

日蓮の「一門」意識は、日興《にっこう》や日目《にちもく》のように弟子に日号を与えているところによく表れていると研究者によって指摘されているが、日蓮は在家の女性にも日号を与えている。さらに幼い娘・乙御前《おとごぜん》をかかえて寡婦《かふ》となった在家の一女性には「日妙聖人」という尊称を授けているのである。

＊

こうして僧俗一体の折伏を展開していった日蓮の門流も、江戸幕府の宗教政策によって、僧はおおむね布教への積極姿勢を失い、僧俗は他宗と同じ寺檀関係へと変質し、それが固定化されていった。

そして、他宗と同様、日蓮宗各派においても、封建制度が終焉《しゅうえん》した今日でさえ、こうした僧俗関係の伝統は根深く残ることとなり、ともすると僧俗の上下観や、社会から遊離して法事や塔婆供養による収益に走る僧侶を生み出す温床《おんしょう》となったのである。

第九章——堅樹院日寛時代の宗教事情

日蓮の教えは時代を超えて継承され、江戸《えど》時代にはその教学の研鑽《けんさん》が活発に行われた。日蓮日《にっ》興《こう》門流（富士門流）の教学についていは、堅樹院日寛《けんじゅいんにちかん》（一六六五〜一七二六年）によって大成されたと言われている。本章では、日寛の活躍した江戸時代の宗教事情一般および日蓮宗各派の教学を概観しながら、日寛の教学形成について考察してみたい。

(1) 江戸時代の宗教事情

日本全国を統合する強力な政権を確立した徳川幕府は、封建的支配を社会の隅々《すみずみ》にまで行き届かせ、宗教界をもその支配下に置いた。幕府は、キリスト教を禁制したうえ、仏教各宗派の諸制度にまで干渉《かんしょう》を加えていった。

ただし、幕府の仏教統制の真のねらいは、全国に存在する各宗派の寺院を通して庶民を掌握《しょうあく》することにあったことから、仏教はいわば国教の如《ごと》き待遇を与えられることになった。そして、各宗派は幕府の支援により、堂塔《どうとう》の修復や本末・寺檀《じだん》両関係を整備していったのである。こうして、あくまでも幕府の支配に都合のよいかたちではあったが、前時代にはなかった宗派の制度上の確立がなされた。そしてこれにあわせて各宗派では、中世にみられた諸宗混交の傾向をもつ教学を改めて、一宗の教学の体系化が進められるようになったのである。

もっとも幕府は、封建的な社会秩序を乱すことを厳しく禁じ、仏教界に対しても宗内の規律を破ったり他宗を批判することを禁じたので、各宗派は教学研鑽の場である檀林《だんりん》を増設して僧侶の育成に力を注ぐなど、宗派内の活動に力点を置くようになっていった。

ところで、江戸時代はさまざまな制約があったとはいえ、それ以前には例のないほどの庶民の仏教信仰が開花した時代でもある。いわゆる葬祭仏教中心ではあったが、庶民の日常生活は仏教なしには成り立ち得なくなったし、また仏教関係の書物が多数出版され、広く庶民の目に届くようにもなった。

こうしたことから、庶民生活に根づいた具体的な仏教信仰の在り方や化儀《けぎ》の確立が要求されるようになったのである。

(2) 日蓮宗各派の動向

室町《むろまち》時代から安土《あづち》・桃山《ももやま》時代にかけて日蓮宗各派は、その多くが政治・文化の中心地である京都を舞台に興隆し、特に町衆の信仰を得て繁栄していたが、天文《てんぶん》五年（一五三六）の比叡山《ひえいざん》による京都日蓮宗の攻撃、いわゆる天文法乱と、天正《てんしょう》七年（一五七九）、織田政権によって強制的に浄土宗に敗北を喫《きっ》せられた安土宗論とによって、宗勢は挫折するに至る。

江戸幕府の成立と宗教政策により、宗学を根本に据《す》えた活発な他宗批判がかなわなくなり、宗内に設けた檀林において通仏教的な教学研鑽が行われるようになった。政権が関東へ移ったことから日蓮宗各派も関東に主力を移し、檀林も上総《かずさ》・下総《しもうさ》の国に多くが創設されるようになるが、他宗との接触という緊張感もなく、また幕府の保護下という軟風も影響してか、いたずらに形式化した教学が生まれたり、世俗に流され破邪顕正《はじゃけんしょう》の精神が失われがちになったりした。

日寛の著作では慶林坊日隆《けいりんぼうにちりゅう》（一三八五～一四六四年）等の勝劣派の教学や安国院日講《あんこくいんにちこう》（一六二六年～一六九八年）等の一致派の教学、さらには富士門流内における要法寺日辰《ようぼうじにっしん》（一五〇八～一五七六年）の教説破折《はしゃく》に紙幅《しふく》を割かれている。そのなかでも、当時は日辰によって完成された要法寺教学が、富士門流内の主流を占めるが如き勢いにあったため、日寛は大石寺の教学こそ富士門流の正統であることを明らかにするため、日辰の破折には特に力を注いでいる。

日辰は、天文法乱後、京都要法寺を興《おこ》し、富士門流の正統をもって任ずるためには教学の深化こそ肝要であると考えた。彼は録内御書中心説をとり、いわば文献学的手法を重視する立場に立って活発な教学研鑽の伝統を築いたが、その帰結として口伝《くでん》や相伝を軽んずるという教学に帰着した。

元来、要法寺は、久成《くじょう》院日尊《にちぞん》（一二六五〜一三四五年）によって大石寺から分かれたもので、両巻血脈抄（「百六箇抄」「本因妙抄」）を無視することは許されなかった。そこで、彼は両書を用いてはいるのであるが、自らの立場で読みかえてしまい、例えば、「本因妙抄」にある「久遠元初《くおんがんじょ》の自受用報身《じじゅゆうほうしん》」（『御書』八七五頁）を久遠五百塵点劫本果《じんてんごうほんが》の釈尊と一体であると解したので、結果として日蓮を末法の本仏と拝することをせず、釈迦仏造立《ぞうりゅう》、法華経一部読誦《どくじゅ》という教説を立てたのである（「本迹問答抄」「負薪記」「二論義得意抄」「造仏論議」「読誦論議」等）。
日隆は「観心本尊《かんじんのほんぞん》抄」の「此《こ》の本門の肝心《かんじん》南無妙法蓮華経の五字に於《おい》ては仏猶文殊薬王《なおもんじゅやくおう》等にも之《これ》を付属し給《たま》わず何《いか》に況《いわん》や其《そ》の已外《いげ》をや但地涌千界《ただじゆせんがい》を召《め》して八品《はっぽん》を説いて之を付属し給う」（二四七頁）の文により「八品正意の本因下種」を唱えたが、種脱《しゅだつ》の勝劣を法体《ほったい》ではなく時機について論ずるにとどまった（「四帖抄」）。また日講は、「開目抄」によって「文底秘沈《もんていひちん》」をいうが、これを種脱の相対とはせずに、「本迹《ほんじゃく》超絶始本不二」（「録内啓蒙」）、すなわち本迹二門を超絶した教法と解することにより、結果的に本迹一致に陥《おちい》った。この両者の教学も日辰と同じく、根底において日蓮を末法の本仏と拝することのない教説である。

このような各派の教学に対して、大石寺にとっては、文底仏法の正しさを明確に示すことが必要とされる段階にきていたのである。さらには、当時、禁制とされた不受不施《ふじゅふせ》（信者以外からは布施を受けず、他宗に供物《くもつ》を施さないとする主義）問題を利用して、幕府の権力に取り入って日蓮宗各派を統合しようとする身延派の計画が進められていた。ここに、本山論争が焦点となり、大石寺の存立そのものにかかわる重大な問題が提起されたのである。

以上の富士門流内外の諸状況を背景として、日寛は登場したのである。

(3) 日寛の教学

元禄《げんろく》二年（一六八九）二十五歳の時、細草檀林《ほそくさだんりん》に入った日寛は、ここで主に天台教学の研鑽を進め、それに関する著作である「草鶏記《そうけいき》」全二十余冊を書き、宝永五年（一七〇八）には第二十六代の化主《けしゅ》となった。天台教学を助証に用いた日寛の教学の基礎は、この時代に形成されたものと思われる。

その後、要法寺教学の影響を排して大石寺教学を興隆するために奮闘していた第二十四世日永《にちえい》の命を受け、大石寺の学頭職《がくとうしき》に就いた日寛は、当時横行していた日蓮宗各派の教説を批判して正法正義を明らかにするため、大石寺教学の体系化に着手しようとしたのである。そして享保《きょうほ》三年（一七一八）、日宥《にちゆう》より相承《そうじょう》を受け第二十六世の猊座《げいざ》に登ったが、一旦は猊座を日養《にちよう》に譲って宗内の教学振興に力を注ぎ、日養遷化《せんげ》のあと再び登座し、一宗を総括しながら、「六巻抄」執筆を中心としてその教学の体系化を成し遂げたのである。

それは、「法華経」本門寿量品《じゅりょうほん》の文上脱益《もんじょうだっちゃく》法門と文底下種法門を相対する種脱相対、すなわち日蓮所立《しょりゅう》の五重の相対の第五教判を根底に据え、本因下種論、宗祖本仏論、人法体一の本尊論、そして受持即観心の信行論等を要諦《ようてい》とする富士門流相伝の正統教学の体系化であった。

その内容を少しく論ずるならば、「開目抄」や「観心本尊抄」等を依処として、種脱の相対は時機ではなく法体の相違であり、寿量文底の事行の一念三千こそ下種の法体であるとした（「三重秘伝抄」「観心本尊抄文段」等）。

また「百六箇抄」「本因妙抄」「報恩抄」「法華取要抄」等によって、久遠元初にこの下種の法体を覚知した本因の仏（久遠元初の自受用報身）こそ末法の本仏たる日蓮の本地であり、そしてこの下種の法体を、日蓮は三大秘法として開いたとした。これが末法今時の一切衆生の信行の対境であるとして、具体的な行法論さらには身延派に対する大石寺正統論を展開したのである（「文底秘沈抄」「当流行事抄」「報恩抄文段」等）。

もとより宗教事情等の時代的背景は、今日と当時とではまったく違っているが、日寛によって確立された富士門流の教学的骨組みは、日蓮の教えを信受するうえで重要な役割を果たす可能性があると思われる。

第四部　近　代

第十章——国家と宗教の距離　——日本仏教史の考察から——

我が国は、統計上の信者の数や寺院の数、そして葬儀をはじめとする仏教儀礼の定着などをみる限り、世界でも有数の仏教国であると言ってよさそうである。にもかかわらず、実際に仏教徒であるという自覚をもち、信仰活動を行っている人の割合は、意外と少ないのではなかろうか。仏教と聞くと「法事以外に自分には関係ない」と思っていたり、「またお布施《ふせ》を払わなければならないのか」と感じたりする人が、一般には多いと言われている。なかには巨大な宗教的権威や神秘性によって、人間が圧殺《あっさつ》されるような恐怖さえ感じると言う人もいるようである。

つまり仏教が、私たちのために説かれたものであるということは、あまり理解されていない。こうしたことの理由はさまざまに考えられるであろうが、ここでは我が国の仏教の歴史を通して考えてみたい。

(1)わが国の仏教史の特色

我が国の仏教史の特色としては、朝鮮半島より伝来した古代以来、国家権力者と密接に関連していることに大きな特色があるが、それを支えたものとして僧侶、特に組織化された教団の上層部の姿勢、および庶民の信仰態度の問題も見逃してはならないだろう。そこで我が国の仏教史を、国家権力者、教団統率者、一般庶民の三つの視点から、仏教が各々の立場から手段化されていた面を中心に、考察してみたい。

①国家権力者との関係

六世紀の伝来以降、仏教は国家権力者と深い関係をもち続けてきた。古代では、「国家仏教」と言われるように、仏教は古代国家の支配制度のなかに位置づけられ、国家の安泰を祈願することが第一の使命と定められていた。また国家の権力機構を構成した貴族の間では、仏教の呪術的威力が注目され、怨霊《おんりょう》の調伏《ちょうぶく》などのために深く信奉された。こうした関係は、中世の鎌倉時代にも見られ、それは蒙古《もうこ》襲来《しゅうらい》時における仏教の役割を見れば了解できよう。

江戸《えど》時代には悪名高い檀家制度が成立し、国家権力者は寺院や僧侶を民衆支配の機関として利用していった。明治維新になると、新政府は新たな国家建設の精神的機軸《きじく》として国家神道《しんとう》を創出し、仏教を軽視していった。政府は未曾有《みぞう》の廃仏殿釈《はいぶつきしゃく》を展開する一方で僧侶の蓄髪《ちくはつ》・妻帯を認め、仏教界はそれまでの国家権力との関係を断ち切られ、単なる葬式仏教として骨抜きにされたのである。

②教団統率者との関係

「国家仏教」の成立については、国家権力による仏教支配を積極的に受け入れた仏教者側の責任も問われなければならない。すなわち、僧侶たちは自らの地位もしくは教団の維持のために、仏教が国家権力に利用されることを容認したのである。奈良時代の道鏡《どうきょう》（?〜七七二年）に至っては、孝謙《こうけん》天皇の信任を利用して自ら次の天皇の座に即《つ》こうとしたと伝えられているほどである。

また、鎌倉時代の叡尊《えいそん》や良観《りょうかん》は、自宗の勢力拡大のために武家政権に接近することを躊躇《ちゅうちょ》しなかった。江戸時代の檀家《だんか》制度について言えば、権力に反抗さえしなければ、民衆支配のシステムの一環として寺院は国家によって手厚く保護されるのであるから、僧侶にとってはこれほど都合のいい制度はなかった。彼らは、仏教の精神を失うことをも省みることなく、競って檀家づくりに走ったのである。

彼らはまた、一貫して自らの宗教的権威や神秘性を強調することによって、庶民の上に立とうとしている。

③一般庶民との関係

古代においては、一般庶民と仏教との直接的な関係は、ほとんどなかったと言ってよい。しかし、仏教伝来以前からある死への恐れと祖先崇拝《すうはい》が反映して葬祭への関心が深まっていき、やがて葬祭を執行する浄土僧との関係が深まったりした。当時の人々は、土俗的な固有の信仰に裏打ちされた自らの生死観に立って仏教を理解しようとしていた。仏教は、本来、葬祭儀礼とは無関係であったが、伝来した仏教は儒教の影響を受けた中国仏教であり、こうした要求に応えうるフレキシビリティー（柔軟性）を有していた。しかし庶民のこのような仏教理解が、神仏習合や葬式仏教を許容する淵源《えんげん》ともなったのであり、やがて我が国における仏教信仰を大きく歪《ゆが》めていく一因にもなったのである。

また、古代における貴族の怨霊信仰が、中世になると庶民の間にも浸透《しんとう》していった。教団拡大をめざしていた僧侶たちのなかには、こうした庶民の心理につけ込んで地獄絵図や怨霊譚《たん》などを流布させ、庶民の恐怖心を煽《あお》って精神的側面からの信徒支配を確立していった。

江戸幕府は、この庶民の信仰心と、それに支えられて中世末期から盛んに作られていった寺院に目をつけ、民衆支配に利用するための檀家制度を考案したのであり、庶民は言わば寺院・僧侶に生殺与奪《せいさつよだつ》の権を握られてしまった。この時代、そして次の国家神道下の時代には、仏教は少数の人々の胸中で命脈《めいみゃく》を保ったのみで、ほとんど死滅した状態に追い込まれたと言ってよいだろう。

(2) 人間のための宗教を求めて

以上、「国家仏教」「教団仏教」「庶民の仏教信仰」——の三つの視点から、そこにみられる否定的要素を、やや誇張した嫌いがあるが、歴史的に概観してみた。そこに見られたのは、言わば、〝国家のための宗教〟〝教団のための仏教〟が前面に押し出され、人間救済という本来の立脚点が欠落していたという事実である。

仏教は、万人に通ずる普遍的な原理に基づく各個人の解脱を説いている。そこには人間を手段化したり、身分的差別を容認したりするような思想は存在しない。

そもそも釈迦は、四苦に代表される人生の苦悩を解決するために、王位継承の権利を捨てて修行の旅に出たのであった。言わば国家権力を超えて、人間としての在り方を求める生き方に、より高い価値があることを宣言したと言ってもよい。ブッダガヤの菩提樹《ぼだいじゅ》下で悟りを開くと、釈迦は自らの足を運び法を説いていった。こうした釈迦の周りには、求道心にあふれた在家・出家の修行者たちが集まりだしたが、そこには、一切衆生の平等を説く釈迦の教えを実証するかのように、当時のインド社会の階級差別を超えてあらゆる身分の人々の姿がみられたのである。

釈迦が入滅すると、教団維持のためにさまざまな戒律が定められていき、庶民はやがて排除される傾向が出てきた。小乗仏教を代表する説一切有部《せついっさいうぶ》では、教団を構成する、いわゆる四衆を比《び》丘《く》・比丘尼《に》・沙弥《しゃみ》・沙弥尼としており、そこには在家の姿はなく、釈迦の真実の精神は失われてしまっていた。そこで、釈迦の精神の回復を求めて起きたのが大乗仏教運動であった。大乗初期経典である『法華経』では、四衆は比丘・比丘尼・優婆塞《うばそく》・優婆夷《うばい》とされ、在家が含まれている。そして大乗中期の『宝性論《ほうしょうろん》』になると、衆生の仏性顕現《ぶっしょうけんげん》が強調され、衆生と仏との区別すら取り払われている。釈迦の精神はこうして継承されていったのである。

　この大乗仏教の人間観に立つならば、我が国における「国家仏教」「教団仏教」がいかに誤ったものであるか明白であろう。しかし、我が国の仏教史においても、大乗的人間観を主張した人物はいる。古代においては自らも篤《あつ》い仏教信者であった聖徳太子は「我かならずしも聖にあらず、彼かならずしも愚にあらず。ともにこれ凡夫のみ」（『十七条憲法』のなかの言葉）と述べ、伝教大師最澄《さいちょう》は「愚が中の極愚、狂が中の極狂、塵禿《じんとく》の有情、底下《ていげ》の最澄」（十九歳の時、比叡山《ひえいざん》に入山し仏教修行を誓った際の『願文《がんもん》』のなかの言葉）と述べて、根源的平等性を主張しようとしている。すなわち、自己自身を凝視《ぎょうし》し、自らを人間存在の底辺においてとらえ、そのうえに立って僧俗、男女、その他の身分的差別を峻拒《しゅんきょ》しているのである。

　武家の封建的身分制度が確立した鎌倉時代に出現した日蓮は「佐渡御書」で、「日蓮今生《こんじょう》には貧《びん》窮下賤《ぐげせん》の者と生れ栴陀羅《せんだら》が家より出《いで》たり（中略）身は人身に似て畜身なり」（九五八頁）と自身を見つめている。ここでは言わば実存的な人間理解を表明し、そのうえで「糞嚢《ふんのう》に金《こがね》をつつめるなるべし」（同頁）とし、畜生にも同ずる面のある人間生命に最極の仏性が宿っていると結論したのである。だからこそ日蓮は、庶民を自らの栄達のための手段としたとして、良観や彼を支持した北条政権を容認しなかったのである。

しかし、仏教は国家や社会といった、いわゆる世俗的存在を軽視、あるいは否定しているわけではない。むしろ逆であろう。聖徳太子や最澄は法華思想を国家統治の理念にしようとしており、日蓮は「立正安国論」などで、法華思想に基づき国家と個人が相即《そうそく》して実現される理想社会としての「仏国」を説いているのである。

おわりに

我が国においては、「国家仏教」「教団仏教」が前面に出た結果、仏教はどちらかといえば庶民の日常生活から遊離する傾向が強かったといえよう。そこで冒頭に述べたような仏教観が一般的になってしまったのではなかろうか。もっとも、釈迦入滅直後の時代においても、組織維持のために庶民が教団中枢から排除された史実を思えば、人間のための仏教であるためには、常に悪《あ》しき組織化や国家による支配を監視する必要がある。

そして、私たちは、聖徳太子・最澄・日蓮が、大乗仏教の精神を徹底していった歴史を正しく継承し、人間を手段化する動きを決して許してはならない。ただしみてきたように、我が国においては庶民の仏教に対する無理解と、誤《あやま》てる葬祭意識が、仏教の堕落を助長した一面があったことも忘れるわけにはいかない。したがって、まずは自らの行学を深めることから始めなくてはならないのである。

第十一章――精神の敗北と歴史の後退について
――石母田正・丸山眞男による日本歴史の変革期に関する考察から――

はじめに

敗戦を目前にした東京の空の下で、二人の学徒がいまや遅しと原稿の完成を急いでいた。一人は古代から中世へと向かう日本歴史の壮大な変革を描かんとして、そしていま一人は近世を近代へと進めた思想的営みを把握《はあく》せんとして。ところが皮肉にも、そのとき彼らが呼吸していたのは近代の歩みが一つの敗北を喫《きっ》しようとしていた、重苦しい昭和の空気であった。しかしその空気こそが、これから述べる〝新しい時代の幕開けを阻《はば》む精神の敗北〟という厳しい歴史の現実を、彼らに見つめさせたように思えてならない。二人の学徒とは、歴史学者・石母田正《いしもだしょう》と政治思想史家・丸山眞男《まるやままさお》である。そして、このとき石母田は『中世的世界の形成』（一九四六年）を、丸山は後に『日本政治思想史研究』（一九五二年）の第三章となる「国民主義の「前期的」形成」をそれぞれ執筆していたのである。

(1) 精神の敗北① ―「寺奴《じぬ》」の精神―

石母田正は『中世的世界の形成』において、古代の大領主である東大寺とその領民との闘争について論じている。そこでは、中世という次なる時代を切り開く可能性を持ちながらも、古代的な庄園経営を維持しようとした東大寺の前に幾度も敗北を喫した、領民達の姿が描かれている。この大著の内容をここに詳しく紹介することは、とても不可能であると同時にそれは本章の趣旨でもない。ただ一点―もっともそれは本書において著者が訴えようとしたポイントの一つであり、著者の当時における独創的な視点であったが―、すなわち東大寺の支配を支えてしまった被支配者の精神の敗北についてだけ述べることにしたい。

東大寺は十世紀から十六世紀にかけて、伊賀《いが》国の南部に黒田庄という庄園を有していた。この時代そこに住む領民たちは、東大寺の支配下にありながらも、土地を開墾《かいこん》して独立した農民に成長し、やがては在地の領主として武士化していく場合もあり、幾度も東大寺の古代的支配を脱しようとしたが、そのつど失敗に終わる。これは東大寺の巧妙な支配によるところが大きいが、石母田はそれだけではなくそれを受け入れた側に注目していった。そして、そこには古代的な被支配者である「寺奴」の精神を持ち続けた人民の存在があったことを、石母田は鋭く見抜いたのである。

「寺奴《じぬ》」とは、古代的支配者である寺院に奉仕する人々のことで、彼らは土地を耕作することがあっても、それは寺院の直接的人身支配を受ける奴隷として労役を課されたにすぎず、その耕作地の所有は寺院に帰したのである。実際には、こうした古代的支配を超える身分に成長していたにもかかわらず、長年に渡る支配の伝統と寺院の宗教的権威に屈して、彼らは「寺奴」の精神から脱却できなかった。東大寺は狡猾《こうかつ》にもこれにつけ込み、自らの古代的支配を維持し続けることに成功したのである。ここには、歴史の進歩という事実をねじ曲げ、さらには反動を実現しようという強力な政治が作用しているといわねばならない。

このように石母田は、直接的には東大寺の庄園での中世に至る変革の挫折を描いているが、実に彼は目前で展開されている近代の挫折を見据えつつ、自らの問題意識を研ぎ澄ませていたといわれている（文庫本『中世的世界の形成』の石井進による「解説」）。そして彼は、歴史の後退という事実の重みを受け止めながらも、やがて来る真の変革に思いをいたしていたのである。

(2) 精神の敗北② ――「国家主義」の精神――

丸山眞男は『国家学会雑誌』に、「近世儒教の発展における徂徠《そらい》学の特質並にその国学との関連」および「近世日本政治思想における「自然」と「作為」」を発表し（それぞれ『日本政治思想史研究』の第一章・第二章に掲載されている）、荻生《おぎゅう》徂徠の思想を中心に取り上げて、そこには近代的な思惟《しい》様式

（丸山はこれを、自然法則と道徳法則の分化・公私の分離・個人の内面性の解放に基づいた思惟の様式としている）がみられることを指摘していたが、同誌の特集「近代日本の成立」（昭和十九年）には冒頭に述べた「国民主義の「前期的」形成」を執筆し、「国民主義」の理論として形成されたはずの明治近代のナショナリズム思想が、なぜ「国家主義」の理論に変貌《へんぼう》していったのかという問題を解明しようとした。

もっともそれは本人が述べているように、丸山自身の出征《しゅっせい》によって構想実現には至らず、明治維新以前までの論述にとどまることになった（『日本政治思想史研究』の著者「あとがき」）。しかしそこには、敗戦の翌年に発表された「超国家主義の論理と心理」（『現代政治の思想と行動』一九六四年、所収）・「明治国家の思想」（『戦中と戦後の間』一九七六年、所収）で展開される、近代日本の歩みに対する批判的な視角がすでに形成され始めている。そして彼の構想は戦後の研究へと引き継がれた後、さらに深化していくのである。

ところで以上の丸山の論考は、戦後日本の人々の強い支持を得たものであり、またそれらにはその後の丸山の研究を左右する大きな問題が提示されており、本章のような小論でその全体像や歴史的意義を把《は》握《あく》することなどとてもできることではない。ここでは、研究生活に入った頃の丸山が描いた西洋をモデルとした近代という時代の発展過程が日本の歴史にはみられなかった事実に関して、彼がその原因を政治の論理にとどまることなく人々の内面の領域にまで探ったという点を中心として考えてみたい。

さて、丸山は述べてきたように、近代的な思惟様式が日本近世の思想家に芽生えていることを解明したが、その後の歴史は、近世封建制の桎梏《しっこく》から逃れ近代日本の建設が進められたにもかかわらず、いつしか近代的な「国民主義」思想が失われ国家の論理が優先される「国家主義」が台頭し、ついには先の「超国家主義の論理と心理」で論究された「超国家主義」へと突き進んでしまったのである。ここでいう国家とは、宗教や道徳に関しては中立的立場をとるいわゆる「中性国家」（カール・シュミット）ではなく、国家主権が政治的権力だけでなく精神的権威までも一元的に占有する国家のことである。その結果、人々の内面の領域にまで国家権力は踏み込むことになったのである。そして丸山は、こうしたことを可能にした要因を、当時絶対的価値を内在するとされた天皇の存在に見いだすとともに、以上のような政治状況を許した人々の精神構造を衝《つ》いている。それはまさに近代的な「国民主義」の精神を忘れた、「国家主義」の精神によって成っていたと言ってよかろう。

この精神構造が形成されるまでには、さまざまな原因によるいくつかの段階が考えられるが、それに最も大きな作用を及ぼしたのは、近代という時代を自ら築こうという主体意識と国家の動向をも監視するという責任意識が欠如《けつじょ》していたことではないかと思われる。そして狡猾にも国家権力は、この人々が陥った精神の敗北を余すことなく利用したのである。

それでは、なぜ人々はこのような「国家主義」の精神へと陥《おちい》ってしまったのであろうか。この問題は本章のテーマを超えているので他日《たじつ》を期したいと思うが、一つだけ参考にすべき研究を紹介しておきたい。それは法社会学者・川島武宜《かわしまたけよし》が『イデオロギーとしての家族制度』（一九五七年）において行った考察である。その中で川島は、こうした明治近代の国民精神は国家権力によって巧みに養成されたとみている。そして、川島はそのとき国家権力が利用したのは前近代的な家族制度イデオロギーであったとしている。すなわちこのイデオロギーにおいては、個人の利益は家族の利益に埋没《まいぼつ》し、しかも国家が一つの家族であり天皇は家父長に擬制《ぎせい》されていたので、結果として個人の利益は国家の利益を前にしては完全に否認されていたというのである。まさにここに横たわっていたのは、「国家主義」の精神であったと言ってよいが、こうしたイデオロギーは、近代に入って日も浅い当時の人々には受け入れやすいものであったのであろう。川島の研究についてはこれ以上論ずる余裕はないが、同書の中の「権力に対して従順な卑屈《ひくつ》な精神は、我が国民性の骨格を形づくるにいたった」との一節には、わが国の歴史に関する深い洞察《どうさつ》が感じられることを記しておきたい。

(3) 現代の状況

以上みてきたように石母田と丸山は、共に自らの置かれた敗戦前夜という時代状況を冷静に見つめながら、その考察の対象こそ異なっていたが、精神の敗北により歴史の流れは後退を余儀なくされるという事実を鋭く剔抉《てっけつ》していたのである。

やがて第二次世界大戦は終結して、二人は自由の空気の下に解放されることになり、一度はあきらめかけた自らの生を確かに享受《きょうじゅ》したのである。そして、そのとき彼らは、いよいよ近代の歩みがあるべき進路に向けて始まるものと考えていた。ところが、その後の日本の歴史は、またもや彼らの期待を裏切っていったのである。

中国共産党の勝利により、一九四九（昭和二十四）年に中華人民共和国が成立したことを契機として、アメリカの対日占領政策は転換されることになり、わが国は共産主義勢力に対する防波堤の役割を担《にな》わされることになった。そのために国内の復興は急を要されたので、戦争犯罪人の責任追求は徹底を欠き、戦前からの官僚体制は生き延びることになり、はたまた国内にはアメリカの基地が多く敷設《ふせつ》されていった。そしてこれらを基礎条件とし、一九五〇（昭和二十五）年の朝鮮戦争を直接の原因として、国内経済の建て直しが進められることになったが、これがやがて高度経済成長につながっていくのである。こうしてわが国は、急速に経済大国へと成長していくが、これを背景として国内政治においては再び「国家主義」的な体制作りが表面化していった。

一九六六（昭和四十一）年にはかつての紀元節《きげんせつ》である二月十一日が、「建国記念の日」として祝日に定められ（「国民の祝日に関する法律」の改正による）、同年、中央教育審議会は天皇への敬愛の念と愛国心を強調する「期待される人間像」を発表し、六八（昭和四十三）年十月には戦前の天皇制国家を美化する「明治百年記念式典」が開催されている。

　石母田はこうした傾向に警鐘《けいしょう》を鳴らし、特に「期待される人間像」については痛烈な批判を加えている。石母田は、これは「教育勅語《ちょくご》」の戦後版であるとみるべきであるとし、両者は公布の手続・文体・思想等々は違っているが、「国民の人倫《じんりん》・内面に関することを上から規制しようという動機と形式、特定の思想を主として教育を媒介《ばいかい》とすることによって、支配階級のための一つの政治的な力に転化しようという意図は共通している。」（「国家史のための前提について」）と述べている。そして、ここでは省略するが、五点にわたって、国家支配の反動的意図と日本人の持つ国家観念の弱点が鋭く批判されている。

　しかしその後も、靖国神社の国家護持《ごじ》（一九六九年、靖国神社法案を自民党が発表、七四年、参議院で廃案とはなるが、八五年、戦後初の首相・閣僚の靖国神社公式参拝）や自衛官の合祀《ごうし》（一九七九年、山口地裁は山口県護国神社への自衛官合祀は違憲とするも、八八年、最高裁大法廷は合憲と判断）に関する問題、灘尾《なだお》（一九八六年）・奥野（八八年）、永野・桜井（九四年）、そして渡辺・島村・江藤（九五年）と続く戦争に関する時の閣僚の失言問題といったように、戦前の「国家主義」思想の復活を思わす事件が相次いだのである。

結びにかえて

では、こうした「国家主義」思想に対して闘いを挑《いど》むものがなかったかというと、決してそうではない。その代表的存在が、数こそ少ないとはいえ、宗教者の中にあったのである。わが国においては、小乗仏教の出家者に宗教者の典型をみるという伝統があるせいか、宗教者は国家権力と一定の距離をあけることが理想であるかのように思われており、またその裏返しとして宗教者とは世俗の権力を前にしては無力であるとみなされてきたようである。しかし、そもそも歴史を繙《ひもと》いてみると、古代の行基《ぎょうき》や中世の日蓮といった宗教者こそが、国家権力に正面から挑んでいたことを知ることができるのであるが、これは近代においても同様にいえることなのである。ただし、この点については他にも研究があるし、もはやここで詳しく論ずる余裕もないので、国家権力に抗した宗教者本人に取材した貴重な資料である、小池健治・西川重則・村上重良編『宗教弾圧を語る』について少しく触れて結びとしたい。

そこには、同書の「あとがき」にある「近代日本の宗教の歴史は、宗教弾圧の歴史であったといっても過言ではない」という指摘そのままの事実が次々と語られている。その内容は、近代国家にはあるまじきもので、当時の法体制においても明らかに違法な行為が展開されたり、直接的な暴力の行使もあって、歴史の暗部というものがいかに醜《みにく》いものであるかをまざまざと教えてくれている。中でも本章との関連からいえば、宗教上の教義や信仰実践の正邪が国民支配に役立つか否かを基準として、結局は国家権力によって判定されているという事実に注目せずにはいられない。

こうした国家権力の横暴は、やがて宗教弾圧にとどまらず国民全体の思想統制に発展し、さらに天皇制イデオロギーに支えられた軍国主義思想をバックボーンとして、あの未曾有《みぞう》の太平洋戦争へと突き進んでいったのである。しかし、彼ら宗教者達はこうした「国家主義」思想に屈することなく、自らの宗教的信念を貫き通して戦後に至っているのである。ところが、今日早くも彼らの存在は忘れ去られようとしており、先に見たように国家権力の動向は再び昔日《せきじつ》に帰ろうとしているかのようである。そして、巧妙な「国家主義」思想の下にあって、いつまた人々が精神の敗北に陥《おちい》り、歴史の後退を招くともしれないのである。

そこで最後に今後への警鐘の意味を込めて、やや古いものではあるが、やはり「国家主義」への動きが大きな問題となっていた時に発表された、「政教分離の侵害を監視する全国会議」の創立宣言（一九七四年五月十二日）の一節を掲げて終わりにしたい。

「政教分離に対する軽微な侵害も、やがて思想・良心・信仰・学問等の自由に対する重大な侵害になることを、国民は過去の苦い歴史体験に照らし怖れなければならない。今日、滴《したた》る水に過ぎない極く軽微な政教分離原則の侵害も、まもなく奔流《ほんりゅう》する怒濤《どとう》になるであろうことを、われわれは国民各層に強く訴えたい」（『宗教弾圧を語る』の「あとがき」より引用）。

第十二章——近代の宗教者と法華信仰　―牧口常三郎と宮沢賢治の場合―

『法華経』が近代の多くの宗教者の関心を惹《ひ》きつけたことはよく知られている。ここではその中から、特に日蓮への信仰を貫いた牧口常三郎と宮沢賢治について論じて、本書の幕を閉じることにしたい。

(1) 牧口常三郎

アメリカの哲学者デイビット・L・ノートンは「牧口教育学説の哲学的評価」（一九八九年）の冒頭で、「牧口常三郎は、日本における創価学会（価値創造を標榜《ひょうぼう》する仏教徒の在家組織）の創立者として有名である。その結果、皮肉にも、教師、教育哲学者、および教育改革者として彼が生涯をかけた仕事は影が薄れてしまった」（小島信泰訳、加藤寛孝監訳『幸福主義社会への途』第三文明社、二〇〇一年所収）と論じた。近年では、牧口が初めての出版という形で世に問うた独自の地理学やその生涯をかけて大成した教育学説が注目されるようになり、その研究が進められている。

学者、教育者としての牧口は、『法華経』そして日蓮の教えに出会うことによって、その晩年を宗教運動の指導者として生き、最後には戦中の軍部政府に抗して七十三歳で獄死した。なぜ牧口は日蓮の受容した『法華経』の思想に傾倒したのであろうか。この問いについては、すでに牧口をテーマとする研究者によって綿密な検討がなされているので、ここでは宮沢賢治との共通点と相違点という視角から若干《じゃっかん》の考察を行うことにしたい。

牧口常三郎は明治四年（一八七一）六月六日に現在の新潟県柏崎《かしわざき》市荒浜に生れた。十四歳の時に北海道に渡り、苦学して北海道尋常《じんじょう》師範《しはん》学校を卒業して母校の教諭に就任した。牧口は、三十二歳の時にそれまで書き溜《た》めていた地理学上の原稿を『人生地理学』（後出）と題して東京で出版し、『法華経』への信仰を始めた後の五十九歳から六十三歳までの間に『創価教育学体系』全四巻（『牧口常三郎全集』第五巻・第六巻、第三文明社、一九八二・八三年）を出版しているが、「牧口の思想の骨格は一九〇三年刊行の『人生地理学』以来、ほとんど変わっていない」（島薗進「生活知と近代宗教運動―牧口常三郎の教育思想と信仰―」河合隼雄・他編『岩波講座 宗教と科学5 宗教と社会科学』岩波書店、一九九二年）と評され、また「『人生地理学』の諸考察が『創価教育学体系』の基礎となった」（宮田幸一『牧口常三郎の宗教運動』第三文明社、一九九三年）と言われている。そこで『人生地理学』を繙《ひもと》いてみると、その後幾多の発展があったとはいうものの基本的に変わらない牧口の思想が確かに読み取れる。

すなわち、『人生地理学』という書名になっている「人生」を思索の起点に据《す》え、それが日常の生活の中で如何《いか》に価値あるものとして存立しうるか、ということが牧口の関心を大きく捕らえている。この時点ではまだ「価値」と言う言葉が用いられることはないが、牧口はその意味を確かに把握《はあく》しており、それは「地表に分布する自然現象と人類生活現象との関係」(『牧口常三郎全集 第一巻 人生地理学 上』一九八三年、「緒論」) から生まれる (これは後に「創造」と表現されることになる) ことを予感している。そして牧口は、この自然現象のなかでも「人生」を育ものとしての「郷土」を重視し、その「郷土」を包摂《ほうせつ》する国家があらゆる関係を取り結びつつ世界とつながっていることに思いを致している。これらの関係を牧口は、「吾人《ごじん》は郷土を産褥《さんじょく》として産《うま》れ且《か》つ育ち、日本帝国を我家として住し世界万国を隣家《りんか》として交《まじ》」(同) わっていると表現し、「人生」の始まりである産婦の寝床からその家そして隣家という日常生活の場として説明している。

そして牧口は、この「自然」と「人生」、すなわち地と人の関係を因果の関係という科学の対象として理解できるとしているようである。後の『創価教育学体系』においては、「自然現象」における因果の法則を対象とする「純正科学」に対比して、「自然」と「人生」との交渉から生まれるこの価値の問題を対象とする「応用科学」が成り立つことが論じられている。しかし、『人生地理学』で牧口は、「郷土」といった「自然現象」についても、「郷土なるものは吾人人間に対して一種不可思議の勢力を有するものと謂《い》ふべし」(同) と論じており、「自然」と「人生」との交渉には「幽妙《ゆうみょう》不可思議なる関係」(同) があるとして、そこに「理法」を見いだそうとしている。その結果、牧口は、「吾人は他の一切の万物と共に或る高等なる勢力に羈絆《きはん》せらるゝものなりとの感情を起し。此《この》理会すべからざるもの、及び運命に対しては吾人の勢力は非常に微弱なりと感じ、不知不識、畏懼《いく》と敬虔《けいけん》とは胸中に溢《あふ》れ集まるに至る。此等《これら》の交渉によりて吾人の宗教心は喚起《かんき》せらるゝなり」（同）と論じて、宗教への畏敬《いけい》の念を表明しているのである。

また牧口は、当時の時代状況を冷静に見つめながら、伝統的な各学問分野ばかりではなく社会学をはじめとする新しい研究領域にも踏み込んでいった。それらを基礎として牧口は、明治という時代に富国強兵の実をあげ、いよいよ欧米列強に比肩《ひけん》する国家を建設しようと勢力拡大を図っていく日本の進路を考察していくことになる。『人生地理学』においては、「国家は主権（或は大権或は物質的至上聖権と云ふ）の確立せる社会にして、人類の共同生活をなすに要する最高最大の団体なり」（『牧口常三郎全集　第二巻　人生地理学　下』一九九六年、第三編第二十八章第一節「国家の職能及目的」）と規定して、国家の職能を論じている。そこで牧口は、いわゆる内憂《ないゆう》、外患《がいかん》から国家を守ることを強調しているが、国内では各個人の自由を確保するために個人の人権を保護することおよび国民生活における幸福の増進が必要であることを説いている。

よく知られているように、この『人生地理学』の草稿は、牧口という一教育者の日々の教育実践の中で紡《つむ》がれていったものである。牧口の眼差《まなざ》しは、ノートンが論じているように、常に自分の前にいる「生徒の現在の幸福」（「牧口教育学説の哲学的評価」）に向けられ、その幸福の内容は、牧口の後の言葉で表現すれば「価値の創造」であって、その実現のための環境として牧口は国家、世界の平和的共存の実現を展望していたのではないだろうか。

このように素描することのできる思想を、牧口はその大枠において確かに終生持ち続けていった。では、こうした思想基盤を形成した牧口はなぜ日蓮の受容した『法華経』を信仰するに至ったのであろうか。直接的な契機は、昭和三年（一九二八）、牧口五十七歳の時に三谷素啓《みたにそけい》からその著『立正安国論精釈』の説明を受けたことであると言われているが、その理由は以上に見た『人生地理学』執筆時の牧口の思想にすでに胚胎《はいたい》していたように思われる。ここでは、牧口が理解した日蓮の教えの要点を整理してから、この問題について考えてみようと思うが、その前に宮沢賢治について述べておきたい。

(2) 宮沢賢治

今日、宮沢賢治に関する書籍は万巻に及ぶと言っていいほどであるが、賢治が生前出版したのは詩集『春と修羅《しゅら》』と童話集『注文の多い料理店』のわずかに二冊で、しかもいずれも自費出版であった。賢治は牧口に遅れること二十五年、明治二十九年（一八九六）八月二十七日に岩手県花巻《はなまき》に生れたが、学業を終えいくつかの仕事に従事しながら岩手と東京を行き来する間に病に倒れ、三十七歳で世を去っている。

賢治の実弟である宮沢清六《せいろく》氏は「兄賢治の生涯」（大島宏之編『宮沢賢治の宗教世界』溪水社、一九九二年）

の中で、賢治が生まれた年は東北地方に多くの天災があったと記している。この年の六月十五日には明治三陸地震が起き、最高三十八メートル（清六氏は二十四メートルと記述している）の大津波が襲来して死者・行方不明者は二万人に及んだ。七月と九月には大風雨が続き、北上川が五メートルも増水し、家屋、田畑の損害は甚大《じんだい》であったという。加えて夏になっても寒冷の日が続き、稲は稔《みの》らず赤痢《せきり》や伝染病が流行した。賢治の生後五日目の八月三十一日には大地震が発生し、花巻では全壊家屋五千六百を数え、死者二百人を記録したという。

これらの災害は賢治の記憶には当然残っていないが、成長するにしたがってその時の様子を聞かされたことは間違いない。後に日蓮の教えを信じるようになった賢治にとって、正嘉《しょうか》の大地震とそれに続く飢饉《ききん》に関する「立正安国論」の記述は決して他人事《ひとごと》ではなかったであろう。賢治にとって、美しい東北の自然は、時に猛威を振るって人々の命を飲み込む存在でもあったのである。賢治が亡くなる半年前の昭和八年（一九三三）三月三日にも昭和三陸地震が起き、三陸沿岸に二十八メートル（清六氏は二十三メートルと記述している）もある大津波が押し寄せ、死傷者三千人を出している。

賢治の父・政次郎《まさじろう》は質《しち》・古着の家業を商《あきな》っていたが、中央から著名な僧侶を呼んで仏教の講習会を開くほどの人物であった。こうした家庭環境の中で、賢治は暁烏敏《あけがらすはや》や島地大等《しまじだいとう》といった当時の代表的な仏教者に触れて育っている。大正三年（一九一四）、中学を卒業した十八歳の時、島地大等編『漢和対照妙法蓮華経』を読み「只驚喜し身顫《ふる》ひ戦《おのの》けり」「太陽昇る」（宮沢清六編「年譜」『宮沢賢治研究』十字屋書店、一九三九年）と震えるほど感動したということであるが、ここに至る間、賢治の周囲にはすでに仏教信仰の息吹《いぶき》が漲《みなぎ》っていたのである。

賢治は家族にも恐縮したようなところのある控えめな性格の持ち主であったそうだが、大正四年（一九一五）、十九歳の時、盛岡高等農林学校農学科第二部（後に農芸化学科と改称）に首席で入学してからは『法華経』と片山正夫著『化学本論』（内田老鶴圃、一九一五年）を座右に置いて、幼いころから関心のあった鉱物や植物の調査を行ったり、詩や童話を書いたりするようになっている。早くも仏教と科学と文学が賢治の心を捕らえていたのである。

賢治については、先に述べたように、多くの書物によってすでに語りつくされた感があるので、以下には賢治が『法華経』の思想をどのように受容しそれを自らのものとして深めていったのかという点に絞って、牧口との比較を通して考えることにしたい。

(3) 法華経との関係

前述したように、牧口と賢治は二十五歳の年齢の差があったが、この二人が接近した瞬間が二度あった。一度目は東京の鶯谷《うぐいすだに》にあった国柱《こくちゅう》会館においてであり、二度目は都内で開催された理論物理学者アルベルト・アインシュタインの講演会においてである。

聖教新聞社編『牧口常三郎』（聖教新聞社、一九七二年）の「年譜」によると、牧口は大正五年（一九一六）の頃に田中智学《ちがく》の講演を聞きに国柱会館に何度か足を運んだという。『新校本宮澤賢治全集 第一六巻下 補遺・資料 年譜編』（筑摩書房、二〇〇一年）の「年譜」によると、賢治は大正八年（一九一九）二月十六日に国柱会館を訪問し智学の講演を聞いている。賢治がいつ初めて国柱会館を訪れたのかは調べてみなければならないが、国柱会館の建設発表式は大正五年四月のことであり、前述したように賢治は大正三年には島地大等編『漢和対照妙法蓮華経』読んでいて、この大正五年三月三十日には奈良方面への修学旅行の帰りに東京の叔母を見舞っている。この年の七月三十日にも賢治は夜行列車で上京している。牧口と賢治が会うことはなかったであろうが、二人はこの年、同じ東京の空気を吸っていたのである。

次に、年譜・牧口常三郎 戸田城聖編纂《へんさん》委員会編『年譜・牧口常三郎 戸田城聖』（第三文明社、一九九三年）によると、牧口は大正十一年（一九二二）の十一月十九日に弟子の戸田城聖と共に都内の大学で開かれたアインシュタインの講演会に参加している。この日、賢治は都内の大学に学んでいた妹トシを病のため岩手の自宅に戻している。アインシュタインに深く傾倒《けいとう》していた賢治は、その前日にアインシュタインが来日し講演を行うことを知っていたであろう。トシの容態によっては賢治も同じ講演会に参加したかもしれない。いずれにせよこの日を前後して、牧口と賢治は同じ東京でアインシュタインについて考えていたことは間違いなかろう。

実はこの二つの接近は、牧口と賢治の思想における共通点から必然的に起きた出来事なのである。この二人が国柱会館を訪れた大正時代の日本は、西洋列強の東洋進出から国の独立を守り、さらには国威を発揚して自らも東洋に領土を拡大しようとしており、国内では国柱会の田中智学によるいわゆる「日蓮主義」が叫ばれていた。地理学の立場から日本という国家の動向を考えていた牧口と、いち早く日蓮信仰をはじめていた賢治は、この時点にあっては田中智学を介《かい》して国家と日蓮に注目していたのである。また、前述したように科学的思考をベースに思索を深めていた二人にとって、世紀の科学的発見を成し遂げたアインシュタインの魅力は言語を絶するものであったと思われる。

この国家と科学への牧口の関心は、先に述べた三谷素啓の著『立正安国論精釈』との出会いによって、日蓮への理解と信仰へと深まっていった。牧口は、国体神話と結びつき日本中心の世界戦略を説くことになる智学に共鳴することはなかったが、三谷を通して知った日蓮の「立正安国論」には心を動かされた。それは『人生地理学』出版当初から持ち続けていた牧口の問題意識が、長年の教育現場における経験によって成熟していたことと、前章で述べた、大正から昭和にかけて強い排他性を帯びてきた「国家主義」への警戒心が作用したからではないだろうか。牧口は、前智学の「日蓮主義」が展開した国家・社会へのアプローチということを常に意識していたが、前述したノートンの指摘に明らかなように、目の前の子どもたちとその家族という生活者の視点を見失うことはなかったのであり、だからこそ彼らの生活を左右する国家のあり方を説いた「立正安国論」に惹《ひ》かれていったと考えられる。

この「立正安国論」では「正法」としての『法華経』への信仰が説かれているが、牧口は後に「創価教育学体系梗概《こうがい》」（『牧口常三郎全集 第八巻』一九八四年）の中で、「法華経に逢《あ》ひ奉《たてまつ》るに至っては、吾々の日常生活の基礎をなす科学、哲学の原理にして何等の矛盾《むじゅん》がないこと、今まで教はった宗教道徳とは全く異なるに驚き、心が動き初めた矢先《やさき》き、生活上に不思議なる現象が数種現はれ、それが悉《ことごと》く法華経の文証《もんしょう》に合致《がっち》してゐるのには驚嘆《きょうたん》の外《ほか》なかった」とし、「天晴れぬれば地明《あき》かなり法華を識《し》る者は世法を得可《うべ》きか」（「観心本尊抄」）という日蓮の教えを自らの生活の中で首肯《しゅこう》できたと述べている。その結果、「言語に絶する歓喜を以て殆《ほとん》ど六十年の生活法を一新するに至った」とし、「生来の引込思案《ひっこみじあん》」がなくなり「国家教育の改造」に向かうことになったという。

牧口は、この『法華経』に依拠して中国の天台大師智顗《ちぎ》が体系化した一念三千、すなわち一人の衆生が起こすひとおもいの中に三千の諸法という現象世界のすべてが過不足なく備わっているという法理や文証（経文によって真実であると証明される）・理証（道理のうえから真実であると証明される）・現証（事実との照合によって真実であると証明される）の三証という日蓮が示した真実の仏教を判定する原理に、先に述べた、「自然」と「人生」との交渉に「理法」を見て取ろうとし、事物の存在を科学的に検証しようとする年来の問題意識への解答を見いだしたのである。

さらに一念三千について牧口は、日蓮が天台の理の一念三千に対して事の一念三千を説き、その当体としての本尊を自ら図現してあらゆる人々の信仰の対象にしたことに、具体的な日常生活における価値創造の可能性を見いだしていく。後に戦中の牢獄《ろうごく》で行われた訊問《じんもん》に対して牧口は、「法華経は天地間の森羅万象《しんらばんしょう》を包摂する処の宇宙の真理であり、我々人間生活の行動規範たる根本的大法である事は実証に依っても明瞭《めいりょう》でありますし、私の価値論も之に依って生きるのであります」（『牧口常三郎全集　第十巻』一九八七年）と答えているのである。牧口の価値論についてはもはやここで論じる暇《いとま》はないが、牧口は「大善生活法実験証明の指導要領」（同）で、『法華経』に説かれた成仏こそ「無上最高の大善生活」であり、これを実証したのが釈迦であって、ここに人生行路の究極の目的が確立されたと述べていることを記しておきたい。

しかも三谷に出会ったころの牧口は、第一次世界大戦後の金融恐慌を経て満州事変に向かおうとする国家の動きに注目していたことを忘れてはならない。鶴見俊輔《つるみしゅんすけ》氏は、「牧口常三郎と戸田城聖―創価学会の出現まで―」（『鶴見俊輔著作集　第三巻』筑摩書房、一九七五年）の中で、なぜ日蓮仏法だけが近代日本において思想としての活力を保ち得たのかという問いに対して、「日本をどうやって救うか、それが宗教としてのもっとも重要な問題とされた。正しい方向から政府がそれた時には、政府をいさめ正さなければならぬ。国家をいさめ正すことを宗教者の任務とし、そのことに命をかけたところに、日蓮の本領があった。そしてこれは、近代の市民の政治的権利の自覚ときわめて近しいものなのだ」と論じているが、〃個人の人権と国民生活における幸福の増進〃を国家の役割と考えていた牧口がこのような日蓮の教えに惹きつけられたのは当然のことであったと考えられる。

『人生地理学』で、「吾人の精神は他の一方面に於て外界の事物を自己と等しく世界の一部と見《み》做《な》し、自己も等しく此等の事物と共に、世界の一部を為《な》して生存するものと観じ、自己の生存に対しては親密の関係を有するものとして外界と交渉をなすを観る」（『人生地理学 上』、「緒論」）と、自己と外界の事物との関係を見ていた牧口は、『法華経』の信仰に入り一念三千の法理を学びその教えどおりに実践した結果、獄中での訊問に答えて、「つまり日本国の政治・経済・文化其他《そのほか》全部が法華経の真理に則って行はれるのが理想でありまして、一天四海帰妙法《いってんしかいきみょうほう》の理想社会の建設に外ならないのであります」（『牧口常三郎全集 第十巻』）と述べるに至ったのである。

　では次に、賢治は『法華経』のどこに惹かれていったのであろうか。賢治の生涯に一貫して見られるのは科学への深い関心である。幼いころから鉱物や植物に興味を持ち、学校も盛岡高等農林学校の農芸化学科を選んだことは前述したが、大正七年（一九一八）、二十二歳の時、同校本科を卒業した後は関豊太郎《せきとよたろう》博士の指導を受けて地質土壌・肥料の研究に従事している。その後も、人造宝石の製造業を計画したり、花巻農学校の教諭を務めたり、「羅須地人《らすちじん》協会」を創設して農村における稲作指導を行ったり、そして最後の仕事として東北砕石《さいせき》工場の技師になったりと、牧口とは違ったいわゆる理科系の職業に就いている。賢治自身も、詩人としてよりもサイエンティストとしての評価を望んでいたという。それでは、賢治は科学をどのように捉えていたのであろうか。賢治は自然に育《はぐく》まれた人間に美と神秘を感じ、それが宇宙へと広がりゆく不思議を素朴に感じ取る人であり、賢治にとって科学とはこうした宇宙や人間の成り立ちや変化を説明する営みであったようだ。しかも宇宙や人間はそれぞれ分離した存在ではなく、科学が生み出した発明もただの冷たい無機質な存在として捉えられてはいなかった。賢治がはじめて出版した詩集『春と修羅』(『新校本宮澤賢治全集 第二巻 詩Ⅰ 本文編』筑摩書房、一九九五年)の「序」の冒頭にある、

わたしといふ現象は
仮定された有機交流電燈の
ひとつの青い照明です

という詩には、難解ではあるが、人間が科学による発明品によって表現されており、そこには人間と科学の分断は感じられない。

しかし、科学の力によって探究できるはずの自然は、賢治にとっては説明もつかず、時に津波となって人の命を奪い、時に冷害を招いて人を苦しめる。前述したように、多くの天災を経験した賢治にとって、自然は美しい光を放つ神秘であるばかりではなく、突然の驚異として人に襲い

かかる存在でもあったのである。

このように宇宙や人間を受け入れていく賢治にとっては、『法華経』との出会いは大きく感動的な衝撃であった。その時の様子は、前述した弟の清六氏が記したとおりであるが、その後、この『法華経』への理解がどのように深まっていったのかを賢治の言動から探ってみたい。

賢治十八歳の時、『法華経』を読んで我が身を震わすほど驚喜したのはなぜか。青年時代の賢治は『法華経』の教えを深く理解していた訳ではない、という解釈もなされているが、二十六歳の時に詠《よ》んだ「春と修羅」を見る限り、賢治の『法華経』への共感は浅からぬものであったことが窺《うかが》える。

いかりのにがさまた青さ
四月の気象の光の底を
唾《つばき》しはぎしりゆききする
おれはひとりの修羅なのだ

分銅惇作《ふんどうじゅんさく》氏は、この「春と修羅」の詩句に「厳しい内省で否定的に自己を把握《はあく》して眺《なが》めた精神の光景」を見て取り、「宗教で否定せざるを得ない〈業〉という形で、おれは修羅だと自覚すれば、どうしても修羅を断ち切らなければならない。そういう痛烈な体験、修羅を克服《こくふく》して無上道に進んで行くより仕方ない、という自己否定による肯定へのけわしい旅立ちが準備され、そしてそれが賢治の文学の生涯の主題になってくるわけであります」（『宮沢賢治の文学と法華経』水書坊、一九八七年）と述べている。この言葉は、本書の第五章・第六章で紹介した、比叡山《ひえいざん》に入山した十九歳の最澄《さいちょう》が書いた「願文《がんもん》」に通じる、賢治の深い自己省察と仏の道を歩む決意を表現している。

　本書の第六章で書いたように、最澄は自らを人間として最も下の存在であると意識して、修行に徹することを厳しく誓っている。賢治についても、例えば亡くなる二年前の三十五歳の時に手帳に記した「雨ニモマケズ」に登場する「デクノボー」とは、『法華経』の「常不軽菩薩品《じょうふきょうぼさつほん》第二十」に説かれる、いかなる迫害を受けても人々を敬って礼拝することを止めなかった不軽菩薩を表しているとの解釈があるが、紀野一義《きのかずよし》氏は「賢治文学と法華経」の中で、賢治の生き方は限りなく真実を求め続けて止むことのない菩薩としてのそれであることを認めつつも、賢治自身は「…自分を指導者とよぶことは決してない。もちろん、自分自身を菩薩と思うことさえもない。かれはただ、自分を『陰気な郵便脚夫《きやくふ》』と呼ぶのみである」（八重樫昊編『宮沢賢治と法華経』国書刊行会、一九八七年〈原本一九六〇年〉）と述べている。郵便脚夫とはどんなに烈《はげ》しい風雨の日でも、ただ『法華経』という手紙を配達する人という意味であるが、この描写は最澄と同様に厳しく自己を見つめた賢治の眼差しに注目していて、実際の賢治の内面により接近しているように思われる。つまり、最澄も賢治も自らを仏の悟りからははるかに遠い下根《げこん》の衆生であると自覚していたので、だからこそ自らが救われるには万民の成仏を説く『法華経』しかないと確信したのである。

次に、『法華経』との出会いから日蓮への信仰に入る賢治について考えるが、以上に述べた最澄との関係について梅原猛《うめはらたけし》氏が、賢治にとって日蓮は教えの父であり、最澄は教えの祖父であると表現して、「賢治は、修羅の世界への凝視《ぎょうし》と利他の思想の悲しさにおいて、教えの祖父、最澄の直接の後継者であるようにみえる」（『地獄の思想』中公新書、一九六七年）と述べていることを紹介しておきたい。

さて、日蓮は自らを「旃陀羅《せんだら》が子」（「佐渡御勘気抄」）と称したばかりか、「心こそすこし法華経を信じたる様《よう》なれども身は人身に似て畜身なり」（「佐渡御書」）とまで見極めている。旃陀羅とはインドのカースト制度で屠殺《とさつ》や死体処理に携わる最下層の人々のことであり、畜身とはもはや人でもない動物に同ずる身体を意味するので、日蓮は、身分や人としての領域を超えた次元で自己の存在を捉えていたことがわかる。このような徹底した自己凝視と数々の法難の果てに、日蓮は『法華経』を自らの立場から身読《しんどく》して、「其中《そのなか》に識神《しきしん》をやどす濁水《じょくすい》に月のうつれるが如《ごと》し糞嚢《ふんのう》に金《こがね》をつつめるなるべし」（「佐渡御書」）と仏の命が自らの畜身の中にあることを確知し、国家の権力者や宗教者を相手に実際に『法華経』の教えを説いていった。このような日蓮の自覚と振る舞いは賢治の心をつかんで離さなかったのである。

賢治は書簡の中で、「…最早《もはや》私の身命は日蓮聖人の御物です」（大正七年三月二十日前後、保阪嘉内《ほさかかない》あて。『新校本宮澤賢治全集 第一五巻 書簡 本文編』一九九五年）とか「日蓮聖人は妙法蓮華経の法体《ほったい》であらせられ」（同）とかと書いているが、日蓮の教えの内容について具体的に説明することはあまりなかった。しかし、研究者の手によって賢治の日蓮理解についてさまざまに論じられているので、ここではその一端に触れておきたい。

石川教張《きょうちょう》氏は「宮澤賢治の法華文学について」（浅井圓道先生古稀記念論文集刊行会編『日蓮教学の諸問題』平楽寺書店、一九九七年）の中で、賢治にとっては自分も戦争も病気も学校も自然もみな「一心の現象」（賢治が父・政次郎宛ての手紙で書いている言葉）であり、この賢治の内なる「一心の現象」を照射したのが『法華経』であって、それはあらゆる世界の一切の諸象を包摂しすべての現象を生み出す根源、すなわち「一切現象の当体」（賢治が保阪嘉内宛ての手紙で書いている言葉）であるとして、賢治が「南無妙法蓮華経と一度叫ぶときには世界と我と共に不可思議な光に包まれるのです」と書いていることを述べている。そして詩を書くということはそのような賢治の内にある心象《しんしょう》をスケッチすることであるが、それは「第四次元延長」（『春と修羅』序）の中で主張されたものであるとも石川氏は述べている。

この「第四次元延長」とはあらゆる現象が変化して極まりないということを永遠の時間性で捉えることであり、その現象こそ宇宙万象の根源力である「まことのちから」（賢治が童話『めくらぶだうと虹』の中で書いている言葉）の現れ、すなわち永遠に不変なる本体の現れであり、この「現象即本体」とは賢治が尊重した『法華経』の「如来寿量品《にょらいじゅりょうほん》第十六」で説かれた「久遠実成《くおんじつじょう》」「本仏と迹仏《しゃくぶつ》」の思想と関連して考えられるとしたのが恩田逸夫《おんだいつお》氏の「宮沢賢治と法華経」（『宮沢賢治の宗教世界』）である。

桐谷征一《きりやせいいち》氏は「宮沢賢治のマンダラ世界―その文学と人生における表象―」（高木豊・冠賢一編『日蓮とその教団』吉川弘文館、一九九九年）の中で、賢治の「第四次元」の世界に関連するのは日蓮が革新的な図法をもって提示した「大曼荼羅《だいまんだら》」の世界であり、賢治の詩や童話は彼の「マンダラ世界」を描写した「心象スケッチ」であったと述べている。桐谷氏は、「大曼荼羅」は日蓮の法華信仰をあますことなく盛り込んでおり、それは「題目」の法門と「一念三千」の世界観の二つの意味を総合し、文字による視覚的な表現によって釈迦が霊鷲山《りょうじゅせん》で十方世界の諸仏・諸菩薩・大衆を前に『法華経』を説く様相を図現したものであるとしている。しかも、賢治はそこに抽象的な世界を観ようとしたのではなく、自分を含むこの世界が宇宙へと広がる事実を見て取ったのである。

斎藤文一《ぶんいち》氏は『宮沢賢治の世界―銀河系を意識して―』（国文社、二〇〇三年）の中で、「春と修羅」の冒頭の四行に「いちめんのいちめんの諂曲《てんごく》模様」とあることに注目し、日蓮の「観心本尊抄」に「諂曲なるは修羅」とあることが賢治の修羅意識の原点ではないかと述べている。そして心が諂曲なる悪比丘《あくびく》にそそのかされた国家権力によって日蓮は、『法華経』の「勧持品《かんじほん》第十三」の二十行の偈《げ》にある「数数見擯出《さくさくけんひんずい》」というの文のとおりに、数々の法難を末法という時に事実として一人受けたのである。「開目抄」にあるように、日蓮がこの文を身読したので、釈迦も大妄語《だいもうご》の人と呼ばれにすんだのである。斎藤氏は、賢治が末法世界の全体をにらみ、しかも諂曲の心を持つ一人の修羅こそ紛《まぎ》れもなく自分なのだと書いたことを述べているが、だからこそこの末法という時代に数々の法難を受けた日蓮への賢治の信仰は絶対のものになったのであろう。さらに斎藤氏は『銀河系と宮澤賢治』（国文社、一九九六年）や『科学者としての宮沢賢治』（平凡社新書、二〇一〇年）等で、自らも科学者として賢治の宇宙観について縦横に展開している。斎藤氏によると、賢治の世界観を最もよく代表すると言われる「農民芸術概論綱要」には『法華経』本門思想の宇宙観が秘められるという。すなわち、宇宙には三千世界という無数の世界があり、みな四次元の時間の中で段階をへて発展しているが、それらは常に久遠の本仏の一念とともにあると。

確かに、宇宙は意志を持つ生命体であると感じた賢治は、「宇宙意志といふやうなもの」（日付、宛先不明の書簡。『校本宮澤賢治全集 第十三巻』筑摩書房、一九七四年）があることを信じて、「宇宙には実に多くの意識の段階がありその最終のものはあらゆる迷誤《めいご》をはなれてあらゆる生物を究竟《くきょう》の幸福にいたらしめやうとしてゐる…」（同）と書いている。

このように見てくると、賢治は宇宙を司《つかさど》る人格的な要素を措定《そてい》しているように推察できるが、これこそが仏性《ぶっしょう》の現れなのであろうか。そして、それへの信に賢治は最終的な救いを求めたのであろうか。しかし、それでも自然は、時に罪なき人々の命を理不尽《りふじん》にも奪い去っていく。『法華経』と科学の目で自然を見つめた賢治はこの現実をどう受け止めたのであろうか。次に、賢治の作品を通してこの問題について考えてみよう。

(4) 自然との関係

斎藤文一氏は、『宮沢賢治と銀河体験』(国文社、一九七七年)の中で賢治と科学と日蓮の関係について論じている。すなわち、賢治は個体、液体、気体という物質の相の変化に関心を持ち、これが熱力学的世界像という巨大な体系への関心となったが、その時に際して日蓮の時間論が賢治の物質構造の理解への突破口を開いたのではないかとしている。前述したように、賢治は片山正夫著『化学本論』を座右に置いていたということからもわかるように、その関心は特に物理化学にあり、自然を構成する物質の変化を探求していったので、時間軸上に久遠の仏の存在や世界の変遷を説いた日蓮の教説が彼を捕らえたと思われる。そして、斎藤氏は、前掲の『宮沢賢治の世界―銀河系を意識して―』の中でこのような賢治の科学観はアインシュタインの影響を強く受けることによって、彼独自の「第四次元」という自らも含めた時間と空間の広がりの中で宇宙を意識するものになっていったとしている。

したがって、賢治の考えた科学とは、河合隼雄《かわいはやお》氏が「対話の条件」(河合隼雄・他編『岩波講座 宗教と科学 1 宗教と科学の対話』岩波書店、一九九二年)の中で、いわゆる近代自然科学と区別した、人間が自然と切り離されることなく、宗教との対話も生きていた時代の科学、すなわちガリレイやニュートン等が活躍した十七世紀までの自然科学に通底するものであったと言ってよいのではないか。

河合氏は、村上陽一郎氏の『近代科学と聖俗《せいぞく》革命』（新曜社、二〇〇二年〈初版一九七六年〉）を引用して、今日の自然科学の知識体系はほとんどこの十七世紀に集中して形成されたが、例えばニュートンは錬金術《れんきんじゅつ》や、心霊術、神学に関心を持ち、「神秘的」な考えに傾斜する人であったことを述べている。村上氏は、「十七世紀には、人間のもつ自然についての知識は、人間―自然―神という三者の包括的で全体的関係の中でしか意味をもち得なかった」が、近代から現代への自然科学の歴史的な発展過程の中で、人間は自然―人間という新しい文脈に知識の構造を鋳直《いなお》して、自分が「科学的」と思う部分だけを抽出し、それを近代自然科学と呼んでいる、と論じているのである。河合氏は、現在、近代科学の創始者と考えられているこれらの科学者たちの心の中では、宗教家と科学者は完全に共存していたと述べている。もしかすると、賢治の考えた科学は、再び人間を含めた自然や神秘の世界に耳を傾けることによって、行き詰まりつつある近代科学を乗り越えて、これからの時代のあるべき科学の方向性を指し示しているのかもしれない。この点について、いくつかの賢治の童話や詩の世界から考えてみよう。

例えば、童話「風野又三郎」（「風の又三郎」になる前の異稿）では風という自然現象を風を主人公として描いている。風もあたかもやんちゃな子供のように、意志も感情もある存在なのである。

その風の目を通して人間の子供との交流や人間にとっては不思議な風の動きが語られていく。風と対話することのできた子供たちにとってはなんということもないことが、大人には見えないのである。ここでは大人とは近代科学の世界に生きる人間であるかのようである。風の方からはそうした大人に歩み寄ることはない。

ロジャー・パルバース氏は、『銀河鉄道の夜　宮沢賢治』（NHK出版、二〇一一年）の中で、賢治は「人間も自然の一部」であり、「すべてのものはつながっている」と考えていたので、「賢治作品では、動物や木々、石ころ、風、すべてのものに対して、人間が特別な場所から見るのではなく、人間と同じレベルに存在するものとして描かれています」と論じ、さらに前述の詩集『春と修羅』の「序」の冒頭部分を引用して、「賢治は、自分（人間）を自然における単なる現象ととらえています」と指摘している。パルバース氏は、『英語で読み解く賢治の世界』（上杉隼人訳、岩波書店、二〇〇八年）の中では、人間が自然から何かを奪うという事実に対して賢治は、「自分という存在は、すべての自然の分子と分離していない、と考えてみよう。たとえ自然がどんな状態であろうとも、そのすべての分子と自分は常に一心同体である、と考えてみるのだ。自然に身を預けてしまおう。そうすれば、自然は自分の恋人になる。そして自然から何かを奪うのが自分の運命であれば、たとえば木を切り倒したり、熊を殺したり、山を爆破してダムを建設したり、あるいは原子力を持ち込むのが自分の運命であれば、ほかでもなく自分がそんな形で利用した自然の分子の行く末に、自分の運命を重ね合わせてみるのだ」と言うだろうと述べている。

吉本隆明氏は、『宮沢賢治』（筑摩書房、一九八九年）の中で、童話「なめとこ山の熊」「フランドン農学校の豚」「よだかの星」を評して、「生類《しょうるい》の生と死を生類の側から描いた童話」であるとし、賢治は「魚が人間に喰べられているとき、それを魚の方からみている視角」で童話や詩を書いていると論じている。吉本氏は、「この繊細《せんさい》にゆれる感受性は、田中智学にはないものだ。もっと言うとすれば、これは童話や詩へのもうひとつの入り口だった」とし、さらに日蓮を通してつかまれた『法華経』の理念を自分でこなす場所にでていき、それを賢治は宗教と科学とが一致できる場所のように考えたと指摘している。また、梅原猛氏は前掲の『地獄の思想』の中で、『イソップ物語』に出てくる動物は人間の比喩《ひゆ》にすぎないが、賢治の童話は、「人間が動物をはじめとする天地自然の生命と、いかにして親愛関係に立つべきかを示したのである」と論じている。

童話「グスコーブドリの伝記」では、冷害が家族の平安を破るという自然の厳しい現実が語られる。火山局に勤めるブドリは、身に付けた技術を利用して火山の噴火を起こして暖かな冬を実現させるが、それはブドリの命と引き換えに可能になったことであった。この童話では、苛酷《かこく》な自然と科学の力、そして釈迦の本生譚《ほんしょうたん》に説かれた捨身《しゃしん》の菩薩のような振る舞いが描かれている。

ブドリは自然を恨《うら》んだりはしないが、自然の中に身を投じることによってより多くの人の生を輝かしいものにする道を選んだのである。賢治自身も『法華経』を読み込むことによって、実際にそのような人生を歩んだと言うことができよう。

高村光太郎が、「宮澤賢治について」（草野心平編『宮澤賢治研究Ⅰ』筑摩書房、一九八一年〈初版一九五八年〉）の中で、「こんなにまことの籠《こも》った、うつくしい詩が又とあるだらうか」と評した賢治の詩「永訣《えいけつ》の朝」には、

この雪はどこをえらぼうにも
あんまりどこもまっしろなのだ
あんなおそろしいみだれたそらから
このうつくしい雪がきたのだ

という一節がある。「あんなおそろしいみだれたそらから　このうつくしい雪がきたのだ」という情景を思い浮かべていくと、時に人の命を奪い去ることもある自然を畏怖《いふ》しつつも生涯愛し続けた、賢治の不思議な世界がすこしつかめたように感じられる。

おわりに

河合隼雄氏は、先の論文の中で、中村雄二郎氏の『哲学の現在』（岩波新書、一九七七年）を引用して、「科学の知」が人間と現象との切断を前提としてきたことに対して「関係性」の回復が必要であることを論じている。中村氏は、私たちがいまなすべきことは近代科学の発達を逆行させること

ではなく、「近代科学がその発達の過程で軽視したり切りすてたりしてきたさまざまの側面や要因を新しい観点から吟味《ぎんみ》しなおして取りこみ、そうすることをとおして物事あるいは自然との有機的なつながりを回復することである」と論じている。

本章の(1)で述べたように、牧口は、「自然」と「人生」を因果の関係という科学の対象として理解しようとしたが、この両者の関係にはそれまでの科学では把握しきれない宗教的な領域が広がっていることを直感し、やがて天台の一念三千の法門にたどり着き、最後は日蓮仏法の実践の立場から国家権力への布教を敢行するに至っている。賢治については(3)で詳しく述べたとおりである。

『法華経』を信じ、それを行じた牧口と賢治は、その人生行路から思想の表現形式までかなりのコントラストを示しているが、日蓮と科学と自然の関係を突き詰めていったという事実に大きな共通点があったと言うことができよう。

コラム4 入院
…「変革」の場である寺院の民衆との切断と復活について

「院」のつくものの性格

先日、友人からきた手紙に「こんど入院することになったのでよろしく」と書いてあった。たった一行であるが、これで手紙の用は足りている。たぶんどこか体の具合が悪くなって、病院のやっかいになるんだろうな、当分は仕事も休まねばならないだろう、と了解できる。

　つまり、「入院する」といえば、病院に患者として入ることだということは誰にでもわかる。「病院に入る」略して入院なのだ。

　ただ、この院がつくものは病院以外にもたくさんある。養老院・少年院・修道院からはじまって、学校を意味する何々学院、大学院、などがすぐに思い浮かぶ。

　では、この院にはどういう意味があるのだろうか。

　これは本来、家のまわりにめぐらした土塀《どべい》、転じて土塀に囲まれた屋敷、囲いのある建物という意味である。（『漢和大辞典』学習研究社参照）

　なるほど例に挙げたもののほとんどがこの囲いのある院という性格をもっている。普通の人々なら行かないような、なんとなく隔離《かくり》された世界といえそうである。もしかしたら院＝隠なのでは、と思えるくらいだ。

このようにいろいろな院があるが、一般的に入院といえば、やはり病院に入ることを指す。

これは、他のものと違って、病院には老若男女みなけっこうやっかいになることから、自然と入院といえば病院に入ることを考えるようになったのではなかろうか。

ところが、入院という言葉を辞典で調べてみると、意外にも最初にでてきたのは、「①僧が寺院に入り住職となること」（『広辞苑』第三版、岩波書店）であった（②として「患者が治療・検査を受けるために一定期間病院に入ること」と記されていた）。

こころみに『日本語大辞典』（小学館）も開いてみたが、やはり同じで、入院とはもともとは仏教用語であったことがわかる。

そこで、しばらく仏教用語としての入院について、なぜもともとの意味の入院が忘れ去られてしまったのかを考えてみよう。

寺院の役割の変化

入院とは住職として寺院に入るということから入寺ともいった。

この言葉は特に「禅僧が出世して某院に入る」（『大漢和辞典』体修館書店）ことをいったらしいが、広く宗派を超えて用いられてきたようだ。

また、平安時代以降、寺院は多く山上に建《こん》立《りゅう》されるようになったので、入院のことを入山とも晋山《しんざん》（「晋」とはずんずんすすむという意味）ともいった。（中村元編『続仏教語源散策』東京書籍、『禅学辞典』平泉寺書店参照）

入院とは、僧侶にとっては積年の修行を経て位階・功成りて、いよいよ住職として一寺に入るという晴れやかな儀式であり、人々もそのような僧侶を尊敬のまなざしで送ったことであろう。

病院という名称が生まれ、入院が病院に入ることを意味するようになる以前の長い日本の歴史においては、入院とは仏教上重要な意味をもち、人々の間で生きた言葉として通用していたのである（もちろん、今日でも僧侶の世界では生きた言葉であるが）。

では、なぜこのような入院の本来の意味が忘れられてしまったのであろうか。

これは単に、病院という言葉が生まれたから、これにとってかわられたというのではない。

もっと大きな原因は、今日の人々にとって、寺院への入院ということがあまりにかけはなれたものになったことにあるのではないかと考える。

このことは、入院といった場合の院が寺院を意味すると誰もが思うほど寺院が実生活の中にも大きなウエイトを占めていた時代がかつてあったが、やがてそうではなくなった、といいなおすことができまいか。

このように考えると、入院という言葉が生むイメージの変遷《へんせん》を支えるものの一つは、日本社会における寺院や僧侶の役割の変化（民衆と寺院とのかかわりあいの変化）という重要な問題である、ということができるのではないだろうか。

入院という言葉をめぐって、だんだん問題

が大きくなってしまったが、せっかくここまで述べてきたのであるから、やや古めかしい話になると思うが、寺院と民衆とのかかわりあいの歴史的変遷について、検討してみたい。

寺院と人びととの関わり

まず、日本における寺院の創建より近世に至るまでの歴史について概観してみよう。

五五二年（欽明《きんめい》天皇十三年、『日本書記』による仏教公伝の年）――一説には五三八年――蘇我《そがの》稲目《いなめ》は、百済《くだら》の聖明《せいめい》王の献じた仏像を天皇よりもらいうけ私宅に安置したが、これが日本で最初の寺院である向原寺《むくはらでら》の起こりといわれる。

飛鳥《あすか》時代には次々と寺院が建立されていくが、その多くは当時の支配者階級であった豪族が、自らの一族の平安のために建立したものであったらしい。

その後、大化改新《たいかのかいしん》を経て、寺院は国家の統制下におかれ、鎮護《ちんご》国家をその第一の役割として定められるようになる。寺院は律令《りつりょう》国家の民衆支配と深くむすびつき、全国には国家の手で国分寺が建立されていくのである。

中世になると律令国家は衰亡していき、古代寺院もその形をかえていく。

寺院は皇族・貴族との私的な関係を深め、これらによる寄進を経済的基盤とする一方で、皇子や貴族の子弟を迎え入れていく（彼らは寺内の僧坊に住するが、これを本来の住居からみた別邸という意味から院と呼ぶようになった）。

古代国家が解体し、世は末法を迎えるに当って、貴族たちは深く仏教に思いを寄せるようになっていったのである。

また、ようやく民衆の間にも仏教は流布されはじめていった。

他方、中世は武家の台頭が大きな社会的混乱を生み、小寺は土地の寄進を通して大寺の庇護を求めるようになり、中央の大寺は封建的な一大権力に成長していった。

近世に入ると、このような中世的な寺院の勢力は強大な武家政権によって奪われてしまい、寺院は国家的統制下におかれていったのである。

しかし、江戸時代においては、キリシタン禁制や民衆支配のために寺院が大きな役割を付与されるようになるのである。(『日本歴史大辞典』河出書房新社、辻善之助『日本仏教史』岩波書店他参照)

独自の活動が困難な江戸期

ざっと近代以前の寺院の歴史を追ってみたが、寺院が民衆と深いかかわりあいをもつようになるのは、なんといっても中世である。
寺院は、古代国家が解体し、しかも強大な武家政権が誕生する以前のこの時代にあって、先に述べた寄進された財物や土地という経済的資力と、宗教の世界であることによって認められていた諸特許を背景として、商業・金融・学問・教育、その他さまざまな文化の中心拠点となっていったのである。(平泉澄『中世に於ける社寺と社会との関係』至文堂参照)
これらのことを支えていたのは、民衆の台頭と末法という時代を迎えての彼らの信仰心ではなかったろうか。
この時代、出世して寺院に入るものは多く

みられ、また民衆の力で辺境の地に至るまで夥《おびただ》しい数の寺院が建立されていったのである（もっとも同時に、寺院は信仰心をはなれて、立身出世や商売等の人間界のさまざまな欲望を充足する場でもあったが）。

ところが江戸時代になると、武家の制圧下にあって寺院は独自の活動が困難な状況に追い込まれてしまった。しかし、幕府の民衆統治の任を果しさえすれば、政治的・経済的な保護を蒙《こうむ》ることができたのである。仏教はいわば国教待遇となったが、武家の絶対的権力が確立し、世も太平になるにつれ、宗教界の堕落《だらく》が進行していったのである。

世俗のことに僧侶が手を染め、彼らは庶民より欲深く、非道で高慢《こうまん》であると非難されるようになる。（武陽隠士『世時見聞録』青蛙房参照）

武家の商法どころか、僧侶の商法がまかりとおる（もっとも、今日でも「坊主まるもうけ」といわれるような、目に余ることが多いが）。

また、寺請《てらうけ》制度を笠《かさ》に着て、民衆を苦しめることもあり、寺院は民衆監視の役所のような存在として恐れられていくのである。そして、宗旨人別帳《しゅうしにんべつちょう》の作成や葬式などの儀式の慣例化が定着していくと、仏教は徐々に形骸化《けいがいか》していった。

こうして民衆の僧侶や寺院に対する尊敬心はうすれてしまったのである。

「変革」の場としての寺院

夏目漱石の『二百十日』の圭《けい》さんと碌《ろく》さんの会話に、

「…一体、寺と云《い》うものは大概《たいがい》の村にはあるね、君」

「そうさ、人間の死ぬ所には必ずある筈《はず》じゃないか」

「成程《なるほど》そうだね」

とあるが、これはいかに寺院が日本社会にくいこみ、しかし形骸化しているかをよくものがたっている。

寺院は法事などの時にのみかかわりあいをもつにすぎず、日常生活からは疎《うと》んじられていったのである。そしてやがて、入院という言葉も病院にもっていかれたのだ。

このような仏教界の堕落は今日でもいたるところでお目にかかる。しかし一方で、試験の合格祈願や正月の初詣《はつもうで》などにみられるように、確かに形だけかもしれないが、人々の素朴な願いはいつの世にもかかわりはない。

また大きく言えば、今日は行き先が不透明で、前途にさまざまな不安を感ずる人も多いという。

さらには、自然破壊等の環境問題や国際的紛争の行方は、人類の生存そのものにかかわることであり、その抜本的解決のために、これらの諸問題の根底にある人間の欲望の制御・思想の変革を可能にする力ある宗教を求める人々が増えてきた、というのも事実である。

このような、人々の日常的な願望の実現と、人間生命の本源的な変革と救済の場として、あの中世のように、再び寺院がみなおされる時代が、実はもう到来しているのかもしれない。

おわりに―法華経と国家に生きる―

(1)阿蘭若と法華仏教史

王族の皇太子であった釈迦は、出家して厳しい修行に耐え、やがて仏陀《ぶっだ》としての悟りに至るが、その間はいわゆる阿蘭若(アランニャ。阿練若・阿蘭那とも音写される)に身を置いた。阿蘭若とは森林・荒野の意で、修行者が人里離れて修行するのに適した閑静《かんせい》な場所のことであり、転じて寺院の庵《いおり》などをいう。しかし、自ら得た悟りの境地を語り始めたあとは、移動が困難な雨期を除き、釈迦は精舎《しょうじゃ》(仏道修行の場所。寺院)などに定住することはなかった。

辛嶋静志《からしませいし》氏は、「初期大乗仏典は誰が作ったか―阿蘭若住比丘と村住比丘の対立―」(『佛教大学総合研究所紀要別冊・仏教と自然』二〇〇五年)の中で、ヴェーダやブラーフマナの時代から一貫してインド文化では阿蘭若と村との対立が見られるとして、それは仏教においても同様で、阿蘭若に住む阿蘭若住僧と村住僧との対立があったと論じている。村住僧とは町や村の中、あるいはそれらの近くに住んだ僧のことであるが、辛嶋氏は、『法華経』は人々の生活から離れ権威化していった阿蘭若住僧に対立した村住僧、あるいは村住を志向する僧たちによって、釈迦の真実の教えとして作られたと考えられるとした（同論文および辛嶋氏のご教示による）。

日本においても、『法華経』の受容に大きな功績を遺したと言われる聖徳太子は、その執筆の真偽は今後解明しなければならないが、その著『法華義疏《ぎしょ》』では『法華経』の「安楽行品《あんらくぎょうほん》第十四」にある「常好坐禅《じょうこうざぜん》」という一句について、「常好坐禅少（小）乗禅師」と注釈を加えている。すなわち山中で坐禅ばかりしている者は小乗の禅師であり、これに菩薩は親近《しんごん》してはならないと考え、この「常に坐禅を好め」という伝統的な解釈を変えて、阿蘭若に籠《こも》って権威化することを批判したのである（末木文美士『日本仏教史―思想としてのアプローチ―』新潮社、一九九二年参照）。こうした仏教理解は、太子の「十七条憲法」の第十条にある「われかならずしも聖にあらず。かれかならずしも愚にあらず。ともにこれ凡夫のみ」という規定にも読み取ることができる。そこには、仏教の権威化とは正反対の、聖俗差別を否定した法華一乗思想に基づく平等観が表明されているのである。

その後、仏教は国家権力の擁護《ようご》によってこの国に定着し、やがて奈良時代になると国家鎮護《ちんご》を第一の役割としていった。最澄《さいちょう》は、そうした南都の仏教に満足できず、自ら比叡山《ひえいざん》における十二年山籠という厳しい修行を行い、権威化していく仏教に対抗して天台宗の独立を実現した。それ以降の最澄は、決して山に籠るだけではなく、東国布教の旅に出、法相宗《ほっそう》の徳一《とくいつ》との論争を展開し、さらには大乗戒壇《かいだん》の建立《こんりゅう》により僧俗の差別を乗り越えようとしたが、最澄亡き後の比叡山は、古代から中世へという時代の変革期の中で領主として経済的に独立する必要もあり、やがて権威化して人々を支配する存在になっていった。

鎌倉仏教の祖師たちは比叡山で仏教修学に励《はげ》むが、そのような比叡山の現実に満足することなく、一様《いちよう》に山を降りて自らの信じる仏教を求めていったのである。別《わ》けても日蓮は、武家政権の中心地である鎌倉に赴《おもむ》き、在家の人々への布教を敢行《かんこう》する中で「立正安国論」を執筆するというように、国家と宗教との緊張関係に身を置いて自らの教えを展開していった。『法華経』を重んじた聖徳太子と最澄を尊崇《そんすう》した日蓮も、「立正安国論」において、『法華経』の「勧持品《かんじほん》第十三」にある「或《あるい》は阿練若《あれんにゃ》に　納衣《のうえ》にして空閑《くうげん》に在《あ》って　自ら真の道を行ずと謂《おも》いて　人間を軽賤《きょうせん》する者有らん」という一節を引用して、自分一人だけ真実の仏教を修行していると思いあがっている阿蘭若住僧は、人々を見下す悪世の僧であると厳しく批判している。

このように日本の仏教には、法華信仰を基軸として聖徳太子、最澄、日蓮という流れがあったが、そのいずれもが阿蘭若に留まるのではなく、現実の国家、社会と切り結ぶ生涯を送っている。聖徳太子が死去したのは六二二年、最澄が死去したのは八二二年、その間に二百年の時が流れているが、最澄が世を去ってから四百年後の一二二二年に日蓮は生誕している。偶然のことかもしれないが、時を倍する経過の中で法華信仰は深められていったのである。

⑵最澄と日蓮──今後の教学研究──

本書は「はじめに」で述べたように、著者が三十歳代に執筆した論考が中心であり、しかも各章はそれぞれ独立した作品なので、最澄教学の体系や最澄と日蓮の教学上の関係については十分論じることができなかった。これらの問題は今後の課題とするが、それに取り組むための簡単な見取り図を示しておきたい。

田村晃祐《こうゆう》氏は、『最澄教学の研究』（春秋社、一九九二年）の中で、最澄の思想の全体像を捉える試みは十分行われてきたとはいい難いとして、その理由は最澄の著作の最も大きな部分をなす法相宗の徳一との論争書の解明が不十分であったことであると論じた。この研究上の空白を埋めた同書における田村氏の研究以降、最澄ではなく徳一を中心テーマとする研究書も出版されるようになった。その上で田村氏は、最澄の生涯における事績を整理して、奈良における「学解仏教から学行仏教へ、実際に国家を、そして民衆を救う仏教へと展開されていった所に、平安仏教を拓く最澄の努力があり、新しい方向を打出した教学の展開がみられたものと評価することができよう」とし、最澄は「日本仏教教理史上において基本的教学の形成者として位置づけることができるように思われる」と同書で結論している。今後はこうした研究をベースにして、徳一が形成した教学を踏まえた研究や以下に述べる、密教化していった叡山教学の源流を探るという研究を深めることによって、最澄教学の体系を論じる必要がある。

次に、最澄から日蓮へという流れをどう理解するかという問題である。日蓮は、最澄が中国の天台大師智顗《ちぎ》の教学を正統に受け継ぎ、像法《ぞうほう》という時に迹門《しゃくもん》の理の一念三千を説いたことから、『法華経』流布を実践したいわゆる「三国四師」に加えたが（「顕仏未来記」）、自らは末法という時に生まれ合わせて本門の事の一念三千を説いたとして、その法門の違いを明らかにしている。また、最澄亡き後の比叡山が密教化したことに対して日蓮は、最澄が打ち立てた「法華最第一」という教学を変容させて、世俗の権力に迎合《げいごう》したとして厳しく批判している。日蓮自身も密教化した比叡山の教学、すなわち中世の台密教学をその修学期に学んでいるが、やがてその思想的な継承はしつつもそこから離脱して法華専修に回帰し、武家の世という現実社会に生きて独自の法門を形成した。これまでにもすでにさまざまなアプローチがなされてはいるが、この最澄から台密《たいみつ》、そして日蓮へという流れを、像法から末法という時代的変遷《へんせん》に応じた教学の展開過程としてどう描き切るか、ということが今後の課題である。

(3) 法華経と国家

日本に仏教が公伝した当初より、仏教は国家権力と密接な関係を築いてこの国に定着したことは本書でも概観したが、かつて一般に通用した「国家仏教」という概念が見直されていることからもわかるように、そもそも日本古代において国家とはいつ成立したのか、そして国家と仏教との関係は実際いかなるものであったのか、ということが現在大きな問題になっている。

また、中世の国家構造をどう説明するかということは、中世史学の年来のテーマであるが、それは日蓮が主張した「立正安国」という構想を理解する上でも大きく関係してくる。公家、武家、寺社という各権門《けんもん》の存在する中世国家を日蓮はどう考えたのであろうか。

次に、近世となり江戸幕府《えどばくふ》が成立すると、仏教は幕府によって統制され、寺院は檀家《だんか》制度により民衆支配のための一機関として幕府の支配機構の中に位置づけられた。近代には西洋をモデルとして信教の自由が認められることになったが、仏教は国家神道を形成していく天皇制国家の宗教政策の枠内に置かれ、その活動は国家権力による監視を受け制限された。第二次世界大戦後は、戦中の反省に立って政治と宗教との分離が進んだからか、両者相互の側からのアプローチは、学問の世界においても差し控えられる傾向にある。

本書で論じてきた以上の事実を踏まえて、今後の研究課題として二つのテーマを提示しておきたい。一つは、『法華経』を中心とする大乗経典において国家と仏教との関係はそもそもどのように説かれているのであろうか、というテーマである。『法華経』は『仁王経《にんのう》』『金光明経《こんこうみょう》』とともに護国《ごこく》三部経として日本でも古代から重んじられてきた。『仁王経』は中国撰述《せんじゅつ》の経典と言われているが、仏陀《ぶっだ》と舎衛国《しゃえいこく》王の月光《がっこう》王が問答して、国土・国家を守護して永劫《えいごう》の繁栄を築くための根本義を明らかにするという経典である。『金光明経』は四世紀に成立した経典であるが、国王に対する教訓や天女《てんにょ》などの攘災《じょうさい》致福《ちふく》の利益が説かれた経典である。『法華経』は「諸法実相」「世間相常住」などについて説いており、最澄はこれに基づいて現実の社会、国家を肯定し、この地上に仏国土建設を実現しようとしたことは本書の第六章でも論じたが、『仁王経』や『金光明経』のように直接的に国家と仏教について説いた経典ではない。そこで日蓮も、「守護国家論」や「立正安国」では『仁王経』『金光明経』の二経典を多く引用している。

　釈迦自身は出家して国家権力を担《にな》う者としての身分を捨てたが、さりとて釈迦の教えはこの地上を超えた世界にのみ理想郷を見るというものではなかった。本書の第七章で論じたように、その実態については研究の余地があるが、インドのマウリヤ朝のアショーカ王やクシャーナ朝のカニシュカ王は、地上の国家を仏教の理想国家にしようとしたと伝えられている。これらの例は、地上の国家に及ぼす釈迦の教えの可能性を示している。いまこそ大乗経典を中心とする仏典を繙いて、仏教の説く国家観を学ぶ時である。

　二つには、宗教の違いを超えて、国家と宗教との関係はこれまでどのように論じられてきたのか、というテーマである。これはあまりに大きなテーマであり、しかも予定した紙幅《しふく》をすでに超えてしまったので、ここでは二人の論者の知見に触れて終わりとせざるを得ない。

　南原繁《なんばらしげる》氏は、物の本体であり真の実在の世界である「イデア」の最高統括の位置にある「善のイデア」を実現するには、個人においてよりは全体としての完全な国家組織において可能となる、というのがギリシアの哲学者プラトンの思想の核心であり、プラトンが「地上の政治的国家を道徳的秩序の高きにまで高めようとする改革的精神には、明らかに宗教的信念が脈う」っていると論じた（「国家と宗教」『南原繁著作集第一巻』岩波書店、一九七二年）。

西谷啓治《にしたにけいじ》氏は、「現在の諸国家が立っているような自国の利害を中心とする立場が、根本的に改変されなければならない」ないとして、そのような自己中心主義を否定した立場の国家を、仏教的にいえば国家的「我」から国家的「無我」の立場に進むということ、すなわち「自分のうちに自己否定を含んだような、世界性の立場を内に開いたような、いわば「弁証法《べんしょうほう》的な国家」」であると論じた（「現代社会の諸問題と宗教」『西谷啓治著作集第四巻』創文社、一九八七年）。

南原氏は、個人生活の場においてではなく国家においてあるべき道徳の実現がありうるが、そうした国家を形成するには宗教的な信念が必要であるということをプラトンの思想を通して語りかけてくる。西谷氏は、さまざまな利害対立の真っただ中にある現代国家をあたかも人間であるかのように見立て、仏教の立場からその変革の方途《ほうと》を示そうとしている。こうした先人の知見は、ここに提示したテーマを考える時の重要な手掛かりとなるであろう。

人類はなぜ国家を形成して生きるのか。その宗教的な意味を探り、具体的な国家と宗教とのあるべき関係を古今東西の知的遺産に依拠して構築するという課題が、いま私たちを待ち受けている。

不十分な考察に終わってしまった本書ですが、もしこれから紹介させていただく方々のご教示がなかったなら、出版自体ができなかったと思います。

田村晃祐先生は、本書第六章「伝教大師最澄の僧俗観と国家―『顕戒論』を中心として―」を発表当時にお読みくださり、「梵網《ぼんもう》経の立場である僧俗一貫と、当時の授戒制度に基づく菩薩僧養成の立場との関連という問題の立て方自体が、最澄及び天台宗の思想的特質を浮び上がらせる大きな課題であり、従って最澄研究の本質的な問題であると考えます。それだけ、この問題の解決には大きな立場からの広く深い考察を必要とするものと思われます。今回の御論文を基礎としてより本質的な考察を進めて頂きたいと存じます」とのお手紙をくださいました。結局、今回は何も進めることができませんでしたが、これからの課題とさせていただきます。

本書の論考の多くは東洋哲学研究所の研究室で執筆しましたが、当時、隣には菅野博史先生、前には宮田幸一先生、他の研究室には小林正博先生がいらっしゃり、何でもお教えいただけるという最良の研究環境に身を置くことができました。研究会や本の共著などの機会では、佐藤弘夫先生、辛嶋静志先生、新田一郎氏、山崎達也氏から貴重なご教示を受けることができました。記して感謝申し上げます。最後に、第三文明社の方々に心からの謝意を述べさせていただきます。

二〇一二年八月六日

小島信泰

初出一覧

はじめに（書き下ろし）

第一部：法華経の成立とその思想　第一章～第三章（書き下ろし）　一九八〇年代末に成稿

特論1：大乗仏教研究の現在（書き下ろし）

コラム1：菩薩―人々の幸福のために尽くす大乗の理想像（『聖教新聞』一九九三年一月十六日付）

第二部：古　代

第四章　日本古代の仏教受容（書き下ろし）　一九八〇年代末に成稿

特論2：聖徳太子（『仏教哲学大辞典（第三版）』〈創価学会、二〇〇〇年〉の執筆担当項目を改稿）

第五章　最澄の真俗一貫思想（『第三文明』一九九一年八月号、第三文明社）

第六章　伝教大師最澄の僧俗観と国家―『顕戒論』を中心として―（『東洋哲学研究所紀要』第七号、一九九一年）

特論3：最澄（『仏教哲学大辞典（第三版）』の執筆担当項目を改稿）

コラム2：歴史を学ぶ意義（『大白蓮華』一九九五年五月号、聖教新聞社）

第三部：中　世・近　世

第七章　宗教と国家を考える―最澄から日蓮へ―（『東洋哲学研究所紀要』第二十七号、二〇一一年）

コラム3：「鳥獣戯画」と日本の仏教（『学光』二〇〇八年五月号、創価大学通信教育部）

第八章　檀家制度とその弊風（『聖教新聞』一九九一年三月一日付）

第九章　堅樹院日寛時代の宗教事情（『聖教新聞』一九九〇年六月二十日付）

第四部：近　代

第十章　国家と宗教の距離―日本仏教史の考察から―（『大白蓮華』一九九三年九月号、聖教新聞社）

第十一章　精神の敗北と歴史の後退について―石母田正・丸山眞男による日本歴史の変革期に関する考察から―（同人誌『政治と宗教を考える―現代社会における宗教の可能性とその条件―』一九九五年）

第十二章　近代の宗教者と法華信仰―牧口常三郎と宮沢賢治の場合―（書き下ろし）

コラム4：入院…「変革」の場である寺院の民衆との切断と復活について（『第三文明』一九八九年三月号、第三文明社）

おわりに―法華経と国家に生きる―（書き下ろし）

参考文献一覧

＊本文や注の中で引用した文献は基本的に省いた。

【仏典・史料】

中村　元編『大乗仏典』（筑摩書房、一九七四年）

創価学会教学部編『妙法蓮華経並開結』（創価学会、二〇〇二年）

比叡山専修院附属叡山学院編『伝教大師全集』第一～第五（日本仏書刊行会、一九六六～六八年）

安藤俊雄・薗田香融校注『日本思想大系四 最澄』（岩波書店、一九七四年）

堀　日亨編『日蓮大聖人御書全集』（創価学会、一九五二年）

立正大学日蓮教学研究所編『昭和定本日蓮聖人遺文』全四巻（身延山久遠寺、一九五二～一九五九年。本書では一九九一年改訂増補第二刷を用いた）

井上光貞監訳『日本書紀』下（中央公論社、一九八七年）

小島憲之・他校注・訳『新編 日本古典文学全集三 日本書紀二』(小学館、一九九六年)
水田紀久・他校注『日本思想体系四三 富永仲基・片山蟠桃』(岩波書店、一九七三年)
平田篤胤全集刊行会編『新修 平田篤胤全集第十巻』(名所出版、一九七七年)

【辞 典】

田村晃祐編『最澄辞典』(東京堂出版、一九七九年)
中村 元・他編『岩波 仏教辞典』(第二版、岩波書店、二〇〇二年)
中村 元『広説佛教語大辞典』(縮刷版、東京書籍、二〇一〇年)
古田紹欽・他監修『佛教大事典』(小学館、一九八八年)

〔はじめに〕

池澤夏樹『春を恨んだりはしない―震災をめぐって考えたこと―』(中央公論社、二〇一一年)
柄谷行人『世界史の構造』(岩波書店、二〇一〇年)
　「『世界史の構造』を読む」(インスクリプト、二〇一一年)
カント『永遠平和のために/啓蒙とは何か 他3編』(中山元訳、光文社古典新訳文庫、二〇〇六年)
中沢新一『純粋な自然の贈与』(講談社学術文庫、二〇〇九年)
　『日本の大転換』(集英社新書、二〇一一年)

〔第一部:法華経の成立とその思想〕

池田大作『私の仏教観』(第三文明社、一九七四年)
横超慧日『法華思想の研究』(平楽寺書店、一九七一年)

梶山雄一・上山春平『仏教の思想3 空の論理〈中観〉』（角川書店、一九六九年）
苅谷定彦『法華経一仏乗の思想』（東方出版、一九八三年）
『法華経〈仏滅後〉の思想―法華経の解明Ⅱ―』（東方出版、二〇〇九年）
菅野博史『法華経―永遠の菩薩道―』（大蔵出版、一九九三年）
『法華経の出現―蘇る仏教の根本思想―』（大蔵出版、一九九七年）
『法華経入門』（岩波新書、二〇〇一年）
『法華経思想史から学ぶ仏教』（大蔵出版、二〇〇三年）
久保継成『法華経菩薩思想の基礎』（春秋社、一九八二年）
グレゴリー・ショペン『大乗仏教興起時代 インドの僧院生活』（小谷信千代訳、春秋社、二〇〇〇年）
田村芳朗『法華経―真理・生命・実践―』（中公新書、一九六九年）
平川　彰『初期大乗仏教の研究』（春秋社、一九六八年）
布施浩岳『法華経成立史』（大東出版社、一九六七年）
本間昭之助・他『変革期と法華経』（東洋哲学研究所、一九七一年）
水野弘元『仏教要語の基礎知識』（新版、春秋社、二〇〇六年）
渡辺照宏『仏教』（第二版、岩波新書、一九七四年）
（論　文）
安藤俊雄「法華経と天台教学」（横超慧日編著『法華思想』平楽寺書店、一九八六年）
辛嶋静志「法華経の文献学的研究㈡―観音 Avalokitasvara の語義解釈―」（『創価大学国際仏教学高等研究所年報』第二号、一九九九年）

紀野一義「菩薩行」（『法華思想』）
斎藤　明「大乗仏教とは何か」（高崎直道監修、桂紹隆・他編『シリーズ大乗仏教第一巻 大乗仏教とは何か』春秋社、二〇一一年）
「大乗仏教の成立」（桂紹隆・他編『シリーズ大乗仏教第二巻 大乗仏教の誕生』春秋社、二〇一一年）
佐々木閑「大乗仏教起源論の展望」（『シリーズ大乗仏教第一巻 大乗仏教とは何か』）
下田正弘「経典研究の展開からみた大乗仏教」（『シリーズ大乗仏教第一巻 大乗仏教とは何か』）
「経典を創出する―大乗世界の出現―」（『シリーズ大乗仏教第二巻 大乗仏教の誕生』）
末木文美士「大乗仏教の実践」（桂紹隆・他編『シリーズ大乗仏教第三巻 大乗仏教の実践』春秋社、二〇一一年）
勝呂信静「大乗仏教と経典の成立」（坂本日深監修、田村芳朗・宮崎英修編『講座日蓮1 日蓮と法華経』春秋社、一九七二年）
「インド仏教と法華経との連関―特に一乗思想を中心にして原始仏教との関係において―」（坂本幸男編『法華経の思想と文化』平楽寺書店、一九六五年）
田村芳朗「生命論―久遠本仏―」（『講座日蓮1 日蓮と法華経』）
塚本啓祥「実践論―菩薩行道―」（『講座日蓮1 日蓮と法華経』）
中村瑞隆「法華経の位置」（『講座日蓮1 日蓮と法華経』）
馬場紀寿「上座部仏教と大乗仏教」（『シリーズ大乗仏教第二巻 大乗仏教の誕生』）
星宮智光「天台教学における仏身観とその特色―釈尊観にふれながら―」（日本仏教学会編『釈尊観』平楽寺書店、一九八五年）
本庄良文「アビダルマ仏教と大乗仏教―仏説論を中心に―」（『シリーズ大乗仏教第二巻 大乗仏教の誕生』）

〔第二部：古　代〕

安藤俊雄『天台学―根本思想とその展開―』（平楽寺書店、一九六八年）

石井良助『法制史論集第一巻 大化改新と鎌倉幕府の成立』（増補版、創文社、一九七二年）
『体系日本史叢書第四巻 法制史』（山川出版社、一九八〇年）
『天皇―天皇の生成と不親政の伝統―』（山川出版社、一九八二年）
井上光貞『日本古代の国家と仏教』（岩波書店、一九七一年）
上山春平『天皇制の深層』（朝日新聞社、一九八五）
梅原 猛・他『聖徳太子の実像と幻像』（大和書房、二〇〇二年）
横超慧日編著『法華思想』（平楽寺書店、一九八六年）
大久保良峻編『山家の大師 最澄』（吉川弘文館、二〇〇四年）
大山誠一『〈聖徳太子〉の誕生』（吉川弘文館、一九九九年）
塩入良道・木内堯編『日本仏教宗史論集 第三巻 伝教大師と天台宗』（吉川弘文館、一九八五年）
曾根正人『聖徳太子と飛鳥仏教』（吉川弘文館、二〇〇七年）
薗田香融『平安仏教の研究』（法藏館、一九八一年）
多田厚隆先生頌寿記念論集刊行会『天台教学の研究』（山喜房佛書林、一九九〇年）
田村圓澄『飛鳥仏教史研究』（塙書房刊、一九六九年）
『古代朝鮮と日本仏教』（講談社、一九八五年）
『仏教伝来と古代日本』（講談社、一九八六年）
『飛鳥・白鳳仏教史』上・下（吉川弘文館、一九九四年）
『法華経と古代国家』（吉川弘文館、二〇〇五年）
『聖徳太子―斑鳩宮の争い―』（中公新書、一九六四年）

田村晃祐『最澄』（吉川弘文館、一九八八年）
辻善之助『日本仏教史第一巻 上世篇』（岩波書店、一九四四年）
豊田　武『豊田武著作集第五巻 宗教制度史』（吉川弘文館、一九八二年）
速水　侑『日本仏教史 古代』（吉川弘文館、一九八六年）
本郷真紹編『日本の名僧Ⅰ 和国の教主 聖徳太子』（大和書房、二〇〇四年）
松原祐善『末法燈明記の研究』（法藏館、一九七八年）
道端良秀『中国仏教史の研究―仏教と社会倫理―』（法藏館、一九七〇年）

〔第三部：中　世・近　世〕

圭室文雄『日本仏教史 近世』（吉川弘文館、一九八七年）
勝呂信静『勝呂信静選集第三 日蓮思想の根本論』（山喜房佛書林、二〇一一年）

（論　文）

小林正博「日蓮に見る安穏思想」（『東洋哲学研究所紀要』第二十二号、二〇〇六年）

〔第四部：近　代〕

石母田正『中世的世界の形成』（東京大学出版会、一九五七年）、同・文庫本（岩波書店、一九八五年）
磯前順一『近代日本の宗教言説とその系譜―宗教・国家・神道―』（岩波書店、二〇〇三年）
色川大吉編『敗戦からなにを学んだか』（小学館、一九九五年）
大谷栄一『近代日本の日蓮主義運動』（法藏館、二〇〇一年）
川島武宜『イデオロギーとしての家族制度』（岩波書店、一九五七年）
熊谷一乗『牧口常三郎』（修訂版 レグルス文庫、第三文明社、一九九七年）

小池健治・他編『宗教弾圧を語る』（岩波新書、一九七八年）
斎藤正二『若き牧口常三郎』上（第三文明社、一九八一年）
丸山眞男『日本政治思想史研究』（東京大学出版会、一九五二年）
『増補版 現代政治の思想と行動』（未来社、一九六四年）
『戦中と戦後の間』（みすず書房、一九七六年）
宮田幸一『牧口常三郎の世界ヴィジョン――『人生地理学』のメッセージ――』（第三文明社、一九九五年）
宮地正人『国際政治下の近代日本』（山川出版社、一九八七年）
〔論 文〕
石母田正「国家史のための前提について」（文学的立場編『国家と幻想』、法政大学出版局、一九六八年）
米谷匡史「丸山眞男の日本批判」（『現代思想』一九九四年一月号、青土社）
〔おわりに〕
武 覚超『比叡山仏教の研究』（法藏館、二〇〇八年）
〔論 文〕
浅井圓道「法華経に対する天台釈と日蓮釈との相違」（田賀龍彦編『法華経の受容と展開』楽寺書店、一九九三年）
庵谷行亨「日蓮聖人教学における一念三千の特色」（小松邦彰先生古稀記念論文集刊行会編『日蓮教学の源流と展開』山喜房佛書林、二〇〇九年）
苅谷定彦「法華経と日蓮聖人」（浅井圓道先生古稀記念論文集刊行会編『日蓮教学の諸問題』平楽寺書店、一九九七年）
田村晃祐「日蓮と徳一」（『日蓮教学の諸問題』）

小島信泰（こじま・のぶやす）

1957年、千葉県生まれ。創価大学法学部卒、同大学大学院法学研究科博士後期課程単位取得退学。創価大学法学部専任講師、助教授を経て、2003年、同教授。博士（法学：東北大学）。日本法制史専攻。2009年4月から2010年3月まで、英国ロンドン大学SOAS客員研究員。東洋哲学研究所委嘱研究員、駒澤大学法科大学院非常勤講師、都留文科大学非常勤講師。著書に『近世浅草寺の寺法と構造』（創文社、2008年）、『幕制彙纂・寺社公聴裁許律』（担当、創文社、2004年）、『日蓮大聖人の生涯を歩く』（共著、第三文明社、1999年）、『日蓮大聖人の思想と生涯』（共著、第三文明社、1997年）などがある。

最澄《さいちょう》と日蓮《にちれん》――法華経《ほけきょう》と国家《こっか》へのアプローチ　**レグルス文庫272**

2012年9月12日　初版第1刷発行
2015年9月30日　初版第2刷発行

著　者　小島信泰《こじまのぶやす》
発行者　大島光明
発行所　株式会社　第三文明社
東京都新宿区新宿1-23-5　郵便番号　160-0022
電話番号　03(5269)7145（営業）
03(5269)7154（編集）
URL　http://www.daisanbunmei.co.jp
振替口座　00150-3-117823
印刷所　明和印刷株式会社
製本所　株式会社 星共社

ISBN978-4-476-01272-9

REGULUS LIBRARY

レグルス文庫について

レグルス文庫〈Regulus Library〉は、星の名前にちなんでいる。厳しい冬も終わりを告げ、春が訪れると、力づよい足どりで東の空を駆けのぼるような形で、獅子座〈Leo〉があらわれる。その中でひときわ明るく輝くのが、このα星のレグルスである。レグルスは、アラビア名で〝小さな王さま〟を意味する。一等星の少ない春の空、たったひとつ黄道上に位置する星である。決して深い理由があって、レグルス文庫と名づけたわけではない。ただ、この文庫に収蔵される一冊一冊の本が、人間精神に豊潤な英知を回復するための〝希望の星〟であってほしいという願いからである。

都会の夜空は、スモッグのために星もほとんど見ることができない。それは、現代文明に、希望の冴えた光が失われつつあることを象徴的に物語っているかのようだ。誤りなき航路を見定めるためには、現代人は星の光を見失ってはならない。だが、それは決して遠きかなたにあるのではない。人類の運命の星は、一人ひとりの心の中にあると信じたい。心の中のスモッグをとり払うことから、私達の作業は始められなければならない。

現代は、幾多の識者によって未曽有の転換期であることが指摘されている。しかし、その表現さえ、空虚な響きをもつ昨今である。むしろ、人類の生か死かを分かつ絶壁の上にあるといった切実感が、人々の心を支配している。この冷厳な現実には目を閉ざすべきではない。まず足元をしっかりと見定めよう。眼下にはニヒリズムの深淵が口をあけ、上には権力の壁が迫り、あたりが欲望の霧につつまれ目をおおうとも、正気をとり戻して、たしかな第一歩を踏み出さなくてはならない。レグルス文庫を世に問うゆえんもここにある。

一九七一年五月

第三文明社